Mosaik

LLOYD LOOM

Wohnen mit klassischen Korbmöbeln

Lee J. Curtis

Mosaik Verlag

Abbildung Vor- und Hintersatz: Lloyd Loom Armsessel im Aussichtsraum des Luftschiffs R 100, um 1929.
Hulton-Deutsch-Sammlung.
Abbildung Seite 1: Glückliches Baby im Lloyd-Kinderwagen, 1928
Abbildung Seite 2: Der runde Original-Lloyd-Loom-Webstuhl
Abbildung Seite 3: Titelbild des Lusty-Katalogs von 1920

Die Originalausgabe erschien 1991 unter dem Titel ›LLOYD LOOM‹ bei Salamander Books Ltd, London.

Redaktion der Originalausgabe: Richard Collins
Layout und Herstellung: Mark Holt, Ian Palmer
Fotografien: Peter Wood, Val Ide
Übersetzung aus dem Englischen: Iris Schmalzhaf, Heidelberg
Redaktion der deutschen Ausgabe: Kirsten Spieldiener

Der Mosaik Verlag ist ein Unternehmen der Verlagsgruppe Bertelsmann

Satz: Filmsatz Schröter GmbH, München
ISBN 3-576-10095-4
Printed in Singapore

Inhalt

Möbel aus Papier?

Im Jahr 1922 erschien in England ein neuer Möbeltyp unter dem legendären Slogan ›WEDER RATTAN NOCH WEIDE – DOCH BEIDEN ÜBERLEGEN!‹ Der Markenname war in Amerika bereits bekannt und sollte auch in England bald einen vertrauten Klang erhalten. Die Möbel ähnelten feinen, traditionell handgefertigten Korbmöbeln, bestanden jedoch aus einer wunderbaren neuen Faser; diese, so hieß es, sei ›feuchtigkeits- und schmutzabweisend‹, ›hygienisch‹ sowie ›hitze- und formbeständig‹. Der Markenname lautete ›Lloyd Loom‹, und die neue Wunderfaser war ganz einfach . . . Papier.

Die Loom-Möbel sollten zu einem der erfolgreichsten Produkte des 20. Jahrhunderts werden. Sie weckten neue Kaufbedürfnisse, ebneten den Weg für eine moderne, technisierte Fabrikproduktion und bereicherten das Möbeldesign um über tausend neue Formen. Bis 1940 wurden in Amerika und England mehr als 10 Millionen Lloyd-Loom-Stücke hergestellt, mit denen prächtige Villen und einfache Wohnungen, Hotels, Restaurants, luxuriöse Überseedampfer und sogar Luftschiffe ausgestattet wurden.

Welche besonderen Eigenschaften verhalfen diesen Möbeln zu einem solchen Erfolg? Die Antwort liegt nur teilweise darin, daß die Loom-Möbel den feinsten handgefertigten Korbmöbeln ähneln; sie besitzen alle Vorteile derselben, doch keinen ihrer Nachteile. Lloyd Loom ist ein Korbprodukt im engeren Sinne und doch so andersartig, daß ein neuer Markt geschaffen wurde. Es handelte sich nicht einfach um verbessertes Korbgeflecht, sondern um einen neuen Möbeltyp. Die Loom-Möbel eroberten zwar einen großen Marktanteil der traditionellen Korbmöbel, belieferten jedoch auch einen Markt, auf dem ohne Lloyd Loom keine Nachfrage nach Korbprodukten bestanden hätte.

Loom-Möbel fühlen sich sehr weich an; ihr Geflecht hat keine scharfen Kanten, an denen sich Kleidung verhaken könnte. Sie knarren nicht, verformen sich nicht und geben beim Sitzen nicht nach. Sie sind bemerkenswert haltbar und zeigen bei sorgfältiger Pflege selbst nach Jahrzehnten dauernden Gebrauchs nur wenige Abnutzungserscheinungen. Manche Stücke aus dem Jahr 1922 sind heute noch so gut wie neu.

Der Name ›Lloyd Loom‹ stammt vom Familiennamen ihres amerikanischen Erfinders Marshall Burns Lloyd, der sich 1917 ein neues Herstellungsverfahren von Korbprodukten patentieren ließ. Lloyd war damals nicht der erste, der bei der Möbelherstellung Papier verwendete. Zu einem Strang gezwirntes Packpapier, das sogenannte ›Art Fibre‹, war in den frühen 20er Jahren als billigeres und leichter erhältliches Material für die Herstellung von Korbprodukten entwickelt worden und wurde während des Ersten Weltkriegs, als die Einfuhr traditioneller Materialien wie Rattan und Bambus unterbrochen war, in großem Umfang verwendet.

Da die potentiellen Kunden Papier nicht als haltbares Material anerkannt hätten, wurde der Begriff ›geflochtenes Fibre‹ verwendet, um das Produkt zu beschreiben. Außerdem wurde das zu einem festen Strang gezwirnte Papier teilweise mit Metalldrähten verstärkt.

Sehr seltener Lusty-Loom-Armsessel mit doppelt gearbeiteten Armlehnen und separater Verblendung des Gestells, um 1922. Sammlung der Anacara Company, Stamford, USA.

»Das Gesamtgewicht der vier Männer, die auf dem abgebildeten Lloyd-›Fibre‹-Geflecht stehen, beträgt 577 Pfund. Das Material hält aufgrund der Metallverstärkung noch einige hundert Pfund mehr aus.« Lloyd Katalog, 1938.

△ Logo der ›Grand Rapids Fibre Co.‹, Grand Rapids, Michigan, USA, für ›Art Fibre‹-Produkte für den Heimwerkermarkt. Das Unternehmen verkaufte vor dem Krieg Bastelsets zum Flechten mit ›Art Fibre‹ – ›einem ungewöhnlich stabilen Papierstrang, der traditionellem Rohrmaterial ähnelt, doch biegsamer und leichter zu verarbeiten ist‹.

◁ Ausschnitt aus dem Lloyd-Loom-›Fibre‹-Geflecht (unbemalt), der die Struktur des Materials veranschaulicht. Die Längsstränge sind mit Metalldrähten verstärkt, wie an der Spitze zu sehen ist. Die horizontalen Füllstränge bestehen aus gedrehtem Papier (›Art Fibre‹) ohne Metallverstärkung. Die Enden der Längsstränge sind an der Unterkante seitlich umgeflochten, um die Füllstränge zu halten und die Befestigung mit Nägeln oder Klammern am Rahmen zu vereinfachen. Der Metallstreifen an der linken Kante verhindert das Ausfransen der Füllstränge. Er wird an den Rahmen genagelt und ist gewöhnlich unter einer Zierborte verborgen.

▷ Eine typische Borte im Zopfmuster, die aus ›Fibre‹-Strängen besteht und die Kanten des Geflechts dort verdeckt, wo sie am Rahmen festgenagelt sind.

DIE CHARAKTERISTISCHEN MERKMALE DER LLOYD-LOOM-PRODUKTE

Sämtliche Lloyd-Loom-Möbel werden aus diesem mit Metalldrähten verzwirnten Papier hergestellt, das nicht um den Rahmen geflochten, sondern darauf festgenagelt wird. Zwar wurden ähnliche Möbel in traditioneller Handarbeit oder, wie bei Lloyd Loom, maschinell gefertigt, doch sind nur die feinen, dicht gewebten Loom-Produkte mit Draht verstärkt. Dies ist von großer Bedeutung, denn während die Loom-Möbel der Zeit und dem täglichen Gebrauch standgehalten haben, ist die Mehrzahl ihrer nicht mit Draht verstärkten Konkurrenten zu Staub zerfallen.

Es gibt einen ganz einfachen Weg, Lloyd-Loom-Modelle von ähnlich aussehenden Imitationen zu unterscheiden. Man braucht dazu nur einen starken Magneten, der aufgrund der Metallverstärkung in den Längssträngen lediglich an den Loom-Möbeln haften bleibt. Zum anderen kann man den Draht an den Enden der Längsstränge befühlen, die bei größeren Stücken wie etwa Stühlen stets am Boden umgebogen sind. Aber Vorsicht, sie sind messerscharf; normalerweise sind sie verborgen oder unter einer geflochtenen Borte versteckt.

Lloyd Loom kann man auch an der Elastizität des Materials erkennen, das jeglichem Druck mit einer gewissen Spannkraft standhält. Außerdem ist es normalerweise möglich, das eng gezwirnte Muster des Papiers zu erkennen, sofern die Stücke nicht dick mit Farbe bestrichen sind. Nimmt man einen Streifen Papier und zwirnt es von Hand zu einem Strick, sieht das Ergebnis ganz ähnlich aus.

Da Bambus, Peddigrohr und andere traditionelle Materialien naturgemäß eine bestimmte Länge haben, sind bei solchen Korbgeflechten oft Fugen zu erkennen. Der aus Papier gedrehte Strick wurde in langen Rollen hergestellt, so daß Fugen kaum zu finden sind. Das geflochtene ›Fibre‹ ist immer auf einen separat hergestellten Rahmen genagelt. Traditionelle, handgearbeitete Korbwaren sind dagegen um den Rahmen geflochten und können nicht von ihm getrennt werden. Andere amerikanische Hersteller benutzten für ihre Möbel aus ähnlichen Fasern meist viel dickeres Material, das um den Rahmen geflochten und nicht separat auf einem Webstuhl angefertigt wurde.

Um einen echten Lloyd Loom zu erkennen, sucht man am einfachsten das original ›Lloyd-Loom‹-Markenzeichen. Die Mehrzahl der hergestellten Stücke war etikettiert, und das Firmenzeichen ist oft noch unversehrt an ihrer Unterseite zu finden. Eine Erläuterung und Auflistung der Etiketten ist im Kapitel über die Datierung der Möbel zu finden.

Das Material und die Herstellungstechnik von Lloyd Loom schufen einen neuen Stil, der in diesem Buch anschaulich dargestellt wird; obgleich ähnliche (nicht mit Draht verstärkte) Imitationen existieren, waren die Loom-Möbel von allen vor dem Krieg hergestellten Korbmöbeln die beliebtesten. Bisher definierte man den Begriff Lloyd Loom durch das damals neue, andersartige Material, aber dieser Unterschied allein reicht nicht aus. In den folgenden Kapiteln wird dargestellt, wie und von wem Lloyd Loom erfunden wurde und wie die Herstellung ablief. Im Verlauf dieses Buches wird deutlich werden, daß die Gründe für den Erfolg dieser Möbel vielfältig sind und nicht nur mit ihrer Herstellungsmethode zusammenhängen.

Die Loom-Möbel hatten sich ihren Platz schon vor dem Börsenkrach von 1929 erobert, erlebten jedoch gerade in den Jahren der Weltwirtschaftskrise einen ungeheuren Aufschwung. Ihre Qualität war so überzeugend, daß sie selbst in jenen schweren Zeiten ihre Käufer fanden. Diese Qualität wird heute wieder entdeckt und geschätzt. Da Loom-Produkte nicht aus Rohr oder Weidenruten bestehen, sind sie ein neuer Typ von Korbmöbeln, der somit auch einen besonderen Namen verdiente.

◁ Lusty-Annonce aus den 30er Jahren. Damals waren die Lusty-Produkte in England sehr beliebt und wurden von über 8000 Einzelhändlern in ganz Großbritannien verkauft.

▷ »In wenigen Gärten sitzt man so bequem. Sinken Sie an einem heißen Tag, wenn die Umgebung unter einem Dunstschleier verschwindet, in einen Lloyd-Loom-Sessel – Sie werden sich darin wunderbar entspannen. Auch die leuchtenden Farben passen gut zu einem Sommertag ...« Einleitung zum Begleittext dieser Illustration, eine der frühesten ganzseitigen Farbanzeigen für Lusty-Loom-Möbel, die im August 1930 in *Ideal Home* erschien.

Von der Idee zum Erfolg

Im Rahmen ihrer Kinderwagenherstellung begann die ›Lloyd Manufacturing Company‹ 1914 in Menominee, Michigan, mit der Produktion geflochtener Aufsätze für Kinderwagen, die von ausgebildeten Flechthandwerkern angefertigt wurden. Die handwerkliche Flechtkunst – die Herstellung von Nutzgegenständen aus geflochtenen Zweigen, Weidenruten, Rohr oder ähnlichen Materialien – hatte sich seit Jahrhunderten nicht verändert, sollte nun aber durch eine einfache Idee revolutioniert werden. Es wurde eine völlig neue Herstellungsmethode für Korbprodukte eingeführt und ein neuer Möbeltyp geschaffen – Lloyd Loom.

Kopf der ›Lloyd Manufacturing Company‹ war Marshall Burns Lloyd, ein Mann von kleiner Statur, doch von unglaublicher Energie, die einer ihm eigenen Besessenheit entsprang: Lloyd *mußte* einfach alles verbessern. Da die Korbflechterei nun einen wichtigen Teil seiner Produktpalette darstellte, setzte er naturgemäß sein ganzes Talent ein, um sie zu verbessern.

Die Weiterentwicklung der Flechttechnik

Viele Erfinder hatten vergeblich versucht, die arbeitsintensive und handwerklich anspruchsvolle Flechttechnik zu mechanisieren. Bei der Herstellung von Flechtprodukten werden die Füllstränge herkömmlicherweise um die Stränge geflochten, die das tragende Gerüst des fertigen Stückes darstellen – eine

△ Der Erfinder Marshall Burns Lloyd. »Erfinder zu sein ist die einfachste Sache der Welt. Genie ist dazu nicht nötig. Wir wissen, daß auf dieser Welt jede Arbeit auf einfachere und bessere Weise ausgeführt werden kann. Man muß sich dafür nur eine Methode ausdenken, und schon ist man Erfinder. Das ist alles.« Marshall Burns Lloyd, September 1913.

◁ Zwei Lloyd-Loom-Kinderwagen aus den 20er (rechts) und 30er (links) Jahren auf dem Gehweg vor Lloyds Haus in Menominee. Lloyd/Flanders-Sammmlung, Menominee, USA.

anstrengende und zeitaufwendige Arbeit, die neben großer Geschicklichkeit vor allem die genaue Kenntnis des verwendeten Materials und viel Gefühl dafür erfordert. Das Geschick eines erfahrenen Korbflechters läßt diese Kunst oft trügerisch einfach erscheinen.

Marshall Lloyd erfand ein neues Herstellungsverfahren für Korbprodukte, eine geniale Leistung, die – entgegen der landläufigen Meinung – weder einen Webstuhl noch irgendeine andere Maschine miteinbezog. Seine Erfindung war so einfach, daß sie, im nachhinein betrachtet, eigentlich klar auf der Hand lag. Lloyd besaß keine technische, wissenschaftliche oder künstlerische Ausbildung, doch seine Erfindung, die eine der erfolgreichsten Möbelarten der Welt hervorbrachte, kann nicht einfach dem Glück oder einer plötzlichen Eingebung zugeschrieben werden.

Der junge Lloyd

Marshall Burns Lloyd wurde 1858 in Minneapolis, Minnesota, als Sohn eines englischen Einwanderers geboren, der ursprünglich in Kanada gelebt und eine Kanadierin geheiratet hatte. Die Lloyds zogen kurz vor der Geburt Marshalls nach Minneapolis, kehrten aber bald nach Kanada zurück und erwarben eine Farm in der Nähe von Meaford, einer kleinen Stadt in der Bucht des Huronsees, nördlich von Toronto. Wohlhabend waren sie nicht, sie kämpften auf der Farm um ihre Existenz. So mußte Marshall sogar die Grundschule vorzeitig beenden, da er, um das Einkommen der Familie aufzubessern, mit seinem Vater in einer Ziegelei arbeitete, die hölzerne Dachziegel herstellte. Diese kurze Schulbildung wurde noch durch einen halbtauben Lehrer beeinträchtigt, doch Lloyd, offensichtlich ein aufgewecktes Kind, stieg zum Klassenersten auf, indem er einfach seine Stimme erhob und so zu dem auffallend lauten Stimmorgan kam, das er sein ganzes Leben behielt. Schon als Kind war er sehr erfinderisch und soll – neben der Arbeit mit seinem Vater in der Ziegelei – eine neuartige Dachrinne aus Zedernholz entworfen haben.

Den größten Teil seiner Jugend verbrachte Lloyd in der Gegend der großen kanadischen Seen, wo die harten Winter den Gang seiner frühen Karriere beeinflußten. Seine Familie zog nach Meaford, wo er sein erstes Unternehmen gegründet haben soll. Angetrieben durch den Wunsch nach Selbständigkeit entwarf er einen Fischspeer und zog mit einem Schubkarren von Haus zu Haus, um sein Produkt zu verkaufen. Bei Einbruch des Winters mußte er eine Stelle in einem Laden annehmen. Lloyds Arbeitgeber war von seiner Erfindungsgabe und seinem Unternehmergeist beeindruckt, doch Lloyd verlor diese Arbeit, als der Besitzer den Laden schloß und nach Toronto zog. So war der Junge in jenen harten Zeiten wieder auf sich gestellt und erfand einen ›verbesserten Wäschekorb‹, den er im Ort gegen Nahrungsmittel und andere Bedarfsartikel eintauschte. Der ›verbesserte Wäschekorb‹ war vermutlich ein Flechtprodukt, doch ist leider nicht bekannt, was an ihm ›verbessert‹ war. Der Gedanke, es könnte sich um frühe Versuche in Richtung ›Lloyd Loom‹ gehandelt haben, liegt zwar nahe, muß jedoch stark bezweifelt werden. Immerhin trugen später Millionen ›verbesserter Wäscheboxen‹ den Namen dieses um seinen Lebensunterhalt bemühten Jungen; sie stellten einen der erfolgreichsten Artikel im zukünftigen Lloyd-Loom-Katalog dar und gehören noch heute zu den am weitest verbreiteten Modellen.

Korbmacher bei der Anfertigung von Flechtmöbeln in traditioneller Handarbeit, um 1900. Hulton-Deutsch-Sammlung.

Vom Land in die Grossstadt

Lloyd sollte die Kleinstadt Meaford bald verlassen. John L. Milkie, sein früherer Arbeitgeber, bot ihm für seine Mitarbeit in dem neueröffneten Laden in Toronto acht Dollar im Monat zuzüglich Kost und Logis, in jenen Tagen ein verlockendes und großzügiges Angebot, das Lloyd nicht ablehnen konnte. Er ging nach Toronto, doch kurz darauf zog Milkie wieder um, dieses Mal nach Port Arthur am Oberen See. Mit seinen Ersparnissen kaufte Lloyd einen Posten Seife auf und zog mit einem geliehenen Kinderwagen wieder auf eigene Rechnung los. Sein Erfolg war so groß, daß sein Angebot bald erschöpft war und er sich auf andere Artikel verlegen mußte. Er entschied sich für billigen Modeschmuck und begann seinen Handel auf einem Podest aus alten Seifenschachteln in der Young Street in Toronto. Bald war er stadtbekannt und zog die Kunden an, indem er seine Ware lautstark mit Werbesprüchen wie ›Schenken Sie dies Ihrer Perle, und sie verläßt Sie nie für andere Kerle‹ anpries.

Als das Geschäft in der Stadt allmählich nachließ, hatte Lloyd genügend Geld für Pferd und Wagen sowie für weitere Waren gespart und verlagerte sein Geschäft aus der Stadt ins Umland. Ob nun aus eigenem Antrieb oder wieder auf Veranlassung seines früheren Arbeitgebers landete Lloyd schließlich in Port Arthur. Dort wandte sich der junge Mann, gerade erst achtzehn Jahre alt, einer ganz anderen Beschäftigung zu: Er beförderte die kanadische Post auf einem Hundeschlitten von Port Arthur zur amerikanischen Grenze am Pigeon River. 1876 war dies eine anstrengende Reise, besonders für einen Mann von so schwacher Konstitution. Lloyds frühe Jahre sind voll ungewöhnlicher Ereignisse, was vor allem den recht dramatischen Wendungen seines Schicksals zuzuschreiben ist. Er spekulierte wohl mit seinem Geld und war zweifellos ein Mann, der sich jeder Herausforderung mit einer Begeisterung und Willenskraft stellte, die seine physische Konstitution Lügen strafte. Ebensowenig mangelte es ihm an Mut. Lloyds späterer Erfolg als Erfinder war das Ergebnis seiner Fähigkeit, neue Ideen nicht nur zu entwickeln, sondern auch durchzufechten. Dies erforderte enorme Energie und Selbstvertrauen.

Vom Industriekapitän zum Erfinder

Erzählungen über hohe Spekulationsgewinne aufgrund des Ansturms von Siedlern auf Land in Manitoba veranlaßten Lloyd, eine Fahrkarte nach Winnipeg zu kaufen, für die er angeblich seine Taschenuhr versetzte. Er kam dort ohne einen Pfennig an, fand jedoch sofort Arbeit als Kellner in einem Hotel. Er arbeitete hart und legte seine gesamten kleinen Ersparnisse in eine Option auf ein Grundstück in der Stadt an, die er eine Stunde später mit einem Gewinn von 150 Dollar weiterverkaufte. Ermutigt durch diesen Spekulationserfolg gab Lloyd seine Arbeit im Hotel auf und eröffnete ein Maklerbüro. Er konnte den Boom auf dem Grundstücksmarkt so erfolgreich nutzen, daß er in wenigen Monaten einen hübschen Gewinn erzielt hatte. Als er schließlich Winnipeg verließ, besaß Lloyd, der völlig mittellos angekommen war, über 15 000 Dollar!

Danach reiste Lloyd südwärts, in die USA, wo er den Rest seines Lebens verbringen sollte. Er kaufte eine Farm in North Dakota und ließ seine Eltern und Geschwister nachkommen. Das Landleben entsprach jedoch nicht seiner Natur, und so überließ er die Farm seiner Familie, um seine Talente wieder im Verkaufsgeschäft einzusetzen. Dieses Mal handelte er mit Versicherungen.

1883 war Lloyd Mitte Zwanzig, und seine angeborene Kreativität begann sich zu entfalten. Als er eines Tages zwei Männer beobachtete, die einen Sack mit Getreide füllten und abwogen, erschien es ihm unwirtschaftlich, daß eine so einfach Arbeit zwei Männer erforderte, zumal einer lediglich den Sack aufhalten mußte. Also erfand er eine Waage mit einer Halterung für den Sack, um die Arbeit zu rationalisieren. Da er die kommerziellen Möglichkeiten seiner Erfindung erkannte, gründete Lloyd seinen ersten richtigen Betrieb. Er mietete eine Schmiede in St. Thomas, North Dakota, und investierte trotz des Risikos sämtliche verfügbaren Mittel in die ›Lloyd Scale Company‹.

Erst mit dreißig Jahren erkannte Lloyd seine eigentliche ›Berufung‹: etwas zu erfinden und fabrikmäßig herzustellen. Aber das Schicksal, das ihm in Winnipeg so gewogen war, sollte seinen neuentwickelten Ehrgeiz auf eine harte Probe stellen. Sein Betrieb wurde durch ein Feuer völlig vernichtet, noch bevor die neuen Produkte auf den Markt gelangt waren. Ironie des Schicksals – der frühere Versicherungsverkäufer wurde durch das Feuer finanziell ruiniert. Wieder einmal mittellos, mußte er einen Job als Schuhverkäufer annehmen.

Doch der Erfinderehrgeiz war Lloyd endgültig in Fleisch und Blut übergegangen, und seine gesamte freie Zeit wurde davon in Anspruch genommen. 1890 entwarf er ein Verfahren für die Herstellung einer verbesserten Türmatte aus geflochtenem Draht. Zusammen mit anderen patentierten Ideen wurde dieses zur Grundlage seiner Teilhaberschaft an einem eingesessenen Fabrikbetrieb in Minneapolis. So kehrte er an seinen Geburtsort zurück und seine steile Karriere konnte beginnen. Lloyd übertrug der ›C. O. White Company‹ seine Erfindungen (unter anderem die Sackhalterung) und wurde dort unersetzlich. Er arbeitete mit solcher Hingabe an der Entwicklung und Verbesserung der Produkte, daß er 1894 im Alter von 36 Jahren Präsident der Gesellschaft wurde. Er heiratete und war bald ein angesehener Bürger; 1896 und 1897 saß er sogar im Stadtrat. Während seiner Arbeit bei der ›C. O. White Company‹ entwickelte Lloyd ein neues Herstellungsverfahren für Bettfedern und Matratzen. Diese waren ein solcher Erfolg, daß er die Gesellschaft aufkaufen konnte. Im Jahre 1900 wurde die ›C. O. White Company‹ umbenannt und Lloyd war nun Direktor und Eigentümer der ›Lloyd Manufacturing Company‹.

›Lloyd Manufacturing‹ stellte eine große Anzahl verschiedener Spezialprodukte her, und um die Jahrhundertwende war Lloyd ein reicher Mann. Seine erste Ehe hielt nur wenige Jahre; in dieser Zeit hatte er einen Sohn adoptiert. 1899 heiratete er zum zweiten Mal, doch eigene Kinder blieben ihm versagt. Lloyd war ständig in die Verbesserung und Perfektionierung seiner Produktpalette vertieft und erweiterte sie durch eine Serie von Kinderwagen, für die er neue Räder aus Draht erfunden hatte. Ihre Weiterentwicklung sollte zu zwei seiner wichtigsten Schöpfungen führen. Um die Jahrhundertwende war Lloyd bereits reich, doch seine wirkliche Karriere als Erfinder stand gerade erst an ihrem Beginn.

△ Willkommen in Menominee, wo alles begann.

▷ Lloyd-Schaukelstuhl, um 1929, auf einer Veranda in Menominee. Sammlung des Autors.

Umzug nach Menominee

1913 ließ sich Lloyd eine Maschine patentieren, die die Fabrikherstellung von Stahlröhren revolutionierte. Ein großer Stahlkonzern in Pittsburg wies seine Idee anfangs als ›verrückt‹ zurück und war nicht bereit, die Entwicklung zu finanzieren ... sie zahlten später ein Vermögen für die Nutzungsrechte. Die ›Lloyd-Oxyacetylen-Methode‹, die – so ein Bericht aus dem Jahre 1913 – ›größtenteils als Zeitvertreib des reichen und unabhängigen Mr. Lloyd entwickelt wurde‹, fand Beifall.

Obgleich sein Wohlstand gesichert war, wuchs Lloyds Ehrgeiz auf der Suche nach Expansion und neuen Investitionsmöglichkeiten. Menominee im Nachbarstaat Michigan war durch den Holzhandel aufgeblüht. Angesichts der schwindenden natürlichen Ressourcen waren die Holzmillionäre daran interessiert, neue Industriezweige anzuziehen. Lloyd, der seine Kind-

heit in der Gegend der Großen Seen verbracht hatte, erschien dies ein idealer Ort. Er verkaufte seine Fabrikanlage in Minneapolis und begann 1906 mit dem Bau eines neuen Werkes in Menominee. Im folgenden Jahr überführte er seine Maschinen und Vermögenswerte in die unter den Gesetzen des Staates Michigan neu eingetragene und mit einem Betriebskapital von 400 000 Dollar ausgestattete ›Lloyd Manufacturing Company‹.

In Lloyds neuem Büro stand eine Couch, auf der er zum Nachdenken zu liegen pflegte; darüber hing eine Tafel mit der Aufschrift ›Ich tue nie, was jeder andere tun könnte‹. Dies bedeutete nicht, daß Lloyd faul war, noch wollte er damit seine Genialität zum Ausdruck bringen. Lloyds Talent bestand darin, originelle Ideen zu entwickeln und ihre Verwirklichung anderen zu überlassen. Hatte er ein grundlegendes Problem gelöst, verschwendete er seine Zeit nie mit Einzelheiten; dazu waren qualifizierte Mitarbeiter besser in der Lage. Die Tafel machte deutlich, daß er sich dessen bewußt war. Dies zu verstehen ist wichtig, da bei einigen seiner Werke, besonders bei Lloyd Loom, vermutet wurde, sie seien gar nicht seine eigenen Erfindungen. Lloyd Loom ist ein Beweis für Lloyds Genialität. Eine einfache, originelle Idee entwickelte sich in kurzer Zeit zu einer erfolgreichen Methode der Massenproduktion.

M. B. Lloyds komplett mit Lloyd-Loom-Möbeln ausgestattetes Büro in den Menominee-Werken, um 1921. Sogar die Wände sind mit Paneelen aus geflochtenem ›Fibre‹ getäfelt. Lloyd (oben) ist in seiner bevorzugten Arbeitshaltung zu sehen – ausgestreckt auf der Couch. Seine Sekretärin (oben rechts) sitzt an einem Lloyd-Loom-Schreibtisch.

Lloyd Loom

Lloyd war klar, daß die für die komplette Herstellung traditioneller Flechtprodukte erforderliche Kunstfertigkeit nicht mechanisiert werden konnte. Er erkannte, daß die Arbeit in zwei Schritte gegliedert war, die gewöhnlich in einem Arbeitsgang ausgeführt wurden – Bau des Rahmens sowie das Ausfüllen des Rahmens. Er folgerte, daß eine Trennung dieser Schritte zu einer effizienteren und schnelleren Arbeitsweise ohne die Notwendigkeit spezialisierter Fachkräfte führen würde. Sein Konzept war einfach: Rahmen und Flechtarbeit mußten getrennt werden. Daher bestehen sämtliche Loom-Möbel aus geflochtenem Material, das auf den Rahmen genagelt und nicht um diesen geflochten wird.

Ursprünglich produzierte Lloyd Gestelle, die von ungelern-

ten Arbeitern von Hand zu einer festgegebenen Form umflochten wurden. Die Form wurde entfernt und das Geflecht auf einem anderen Rahmen befestigt. Dieser bewahrte die Form des Produkts und gab ihm den nötigen Halt. Dieses ›einfache‹ Konzept, von Lloyd ausgearbeitet und patentiert, brachte ihm ein Vermögen ein und führte schließlich zu den Lloyd-Loom-Möbeln.

Gezwirntes Papier, das sogenannte ›Fibre‹, wurde seit langem als Alternative zu teureren und weniger leicht erhältlichen natürlichen Flechtmaterialien verwendet, und Lloyd war nicht der erste, der es zur Möbelherstellung benutzte. Doch verstärkte er das Geflecht teilweise durch Metalldrähte, wie man sie bei vielen seiner Produkte findet. Die spätere Verwendung des ›Fibre‹ in Form von Flechtbahnen wurde durch weitere Patente geschützt. Die Kombination beider Materialien ergab die perfekte Basis für die folgende Entwicklung. Der im ›Fibre‹ verborgene Draht war fest und doch biegsam und gab dem Geflecht zusätzliche Spannkraft. Später spielte er durch die ihm eigene Elastizität eine besondere Rolle bei der Konstruktion der Lloyd-Loom-Möbel.

Anfangs dachte Lloyd nicht an die Produktion von Möbeln. Sein gerade patentiertes Verfahren diente in Verbindung mit Handarbeit zur Herstellung von Kinderwagen. Logische Fortsetzung war die Automatisierung der zeitaufwendigen Flechtarbeit am vorgefertigten Gestell. Die meisten Flechtprodukte erforderten einen ovalen Grundkörper, zu dessen Herstellung der erste ›Lloyd Loom‹, ein eigens konstruierter Webstuhl, entworfen wurde. Mit Beginn der Möbelproduktion wurde ein neuer Webstuhl konstruiert, der das Material in flachen, fortlaufenden Bahnen erzeugte. Die Patente für sein neues Herstellungsverfahren von Flechtwerk beantragte Lloyd 1917 folgendermaßen: ›Diese Erfindung soll ganz allgemein als Methode dienen, die es ermöglichen wird, Rohrgeflecht und ähnliche Produkte mit größerer Schnelligkeit und geringeren Kosten als je zuvor herzustellen‹. Das Verfahren war auf sein Konzept gegründet, das Material getrennt vom Rahmen zu flechten. Im Patentantrag ist nirgends ein Spezialwebstuhl oder ein anderes mechanisches Hilfsmittel erwähnt. Tatsächlich bezieht sich keines der zahlreichen Patente aus den Jahren 1917 bis 1930 auf die Erfindung eines speziellen Webstuhls. Dennoch sollte man Lloyds Maschinen nicht außer acht lassen, die innovativ und in hohem Maße für seinen Erfolg verantwortlich waren. Und schließlich stand der Webstuhl damals als Symbol für ein neuartiges und bahnbrechendes Produkt auf dem Möbelmarkt.

Die Illustration zeigt Lloyds neue Methode zur ›Herstellung von Flechtwerk oder ähnlichen Artikeln‹, bei der das Material ›separat vom Rahmen auf einer Form oder einem Gestell geflochten wird‹. Die Form besteht hier, wie in Fig. 1 bis 6 zu sehen ist, aus drei Teilen; veranschaulicht wird die Konstruktion eines geflochtenen Korbes mit dieser Methode. Nachdem das Material um die Form geflochten wurde (Fig. 7), wird diese entnommen und durch einen separat hergestellten, einfacheren Rahmen ersetzt (Fig. 11). Spezifikation zum Patent Nummer 113.608 von 1917.

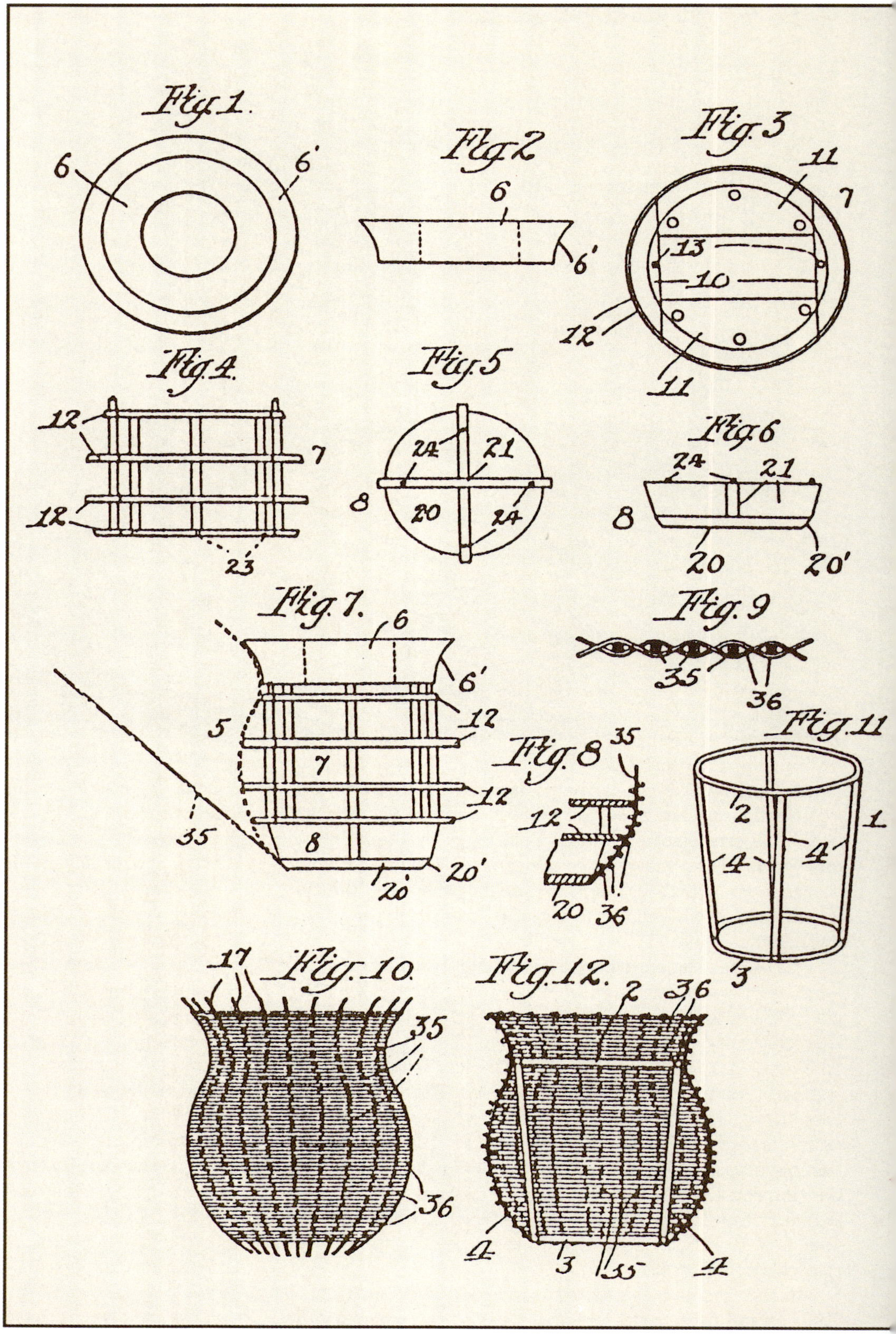

Die Eroberung des Korbmöbelmarktes

Die Mechanisierung von Lloyds Herstellungsverfahren machte seine Gesellschaft bald zum weltweit führenden Kinderwagenhersteller. Seine Produkte wurden in allen Teilen der USA verkauft, und die Verbreitung seiner Lloyd-Loom-Artikel ließ in der Flechtindustrie die Alarmglocken läuten. Es war klar, daß harte Zeiten auf die traditionellen Hersteller von Flechtprodukten zukamen, sobald Lloyd die Produktion von Möbeln aufnehmen würde. Verstärkt wurde dies noch durch die Tatsache, daß seine Produkte den feinsten und teuersten handgefertigten Flechtartikeln ähnelten, doch nicht mit den Problemen zu kämpfen hatten, die bei traditionellen Materialien auftauchten. Die ›Washburn & Heywood Chair Company‹, ein angesehener und alteingesessener Hersteller handwerklicher Korbprodukte, erkannte die Zeichen der Zeit und änderte 1921 die Gesellschaftsverträge, um Lloyd ein Angebot zu machen, das er nicht ablehnen konnte. ›Lloyd Manufacturing‹ wurde Teil der neu eingetragenen ›Heywood-Wakefield Company‹; Lloyd blieb mit seiner Gesellschaft weitgehend unabhängig, verfügte jedoch über einen höheren Kapitalstock und den für ihn so wertvollen Zugang zum Möbelmarkt.

In einem Artikel in den *Llyod Shop News*, einer Monatszeitschrift für die Angestellten, erläuterte Lloyd, was ihn anfänglich davon abhielt, die Möbelproduktion aufzunehmen: ›Ich erkannte die Möglichkeiten der Möbelindustrie sehr früh, doch die Entwicklung brauchte Zeit. Aufgrund der starken Nachfrage nach Kinderwagen hatten wir wenig Platz. Wir nahmen bauliche Erweiterungen vor, benötigten jedoch auch diesen Platz für die Kinderwagenherstellung. Schließlich stellten wir einige Möbel her. Es war ein Versuch, aber wir waren sicher, daß er ebenfalls gutgehen würde. Unsere Vertreter brachten die Möbel auf den Markt. Natürlich gab es auch Kritik. Einige Stücke waren noch unreif, wir verbesserten sie und konnten letztes Jahr (1921) unsere komplette Möbelkollektion präsentieren.‹

Die Jahre danach

Als er 1923 ein umfangreiches Ausbau- und Verbesserungsprogramm für seine erfolgreiche Möbelproduktion ankündigte, war Lloyd fünfundsechzig Jahre alt. Er hatte sich zum zweiten Mal scheiden lassen und mit sechzig noch einmal geheiratet, und er war, wie immer, mit neuen Ideen beschäftigt. 1924 ging er als Direktor seiner Fabrik in Menominee in den Ruhestand, blieb jedoch im Vorstand der ›Heywood-Wakefield Company‹ und bekam zusätzlich den großartigen Titel ›Beratender Ingenieur der Gesellschaft‹ verliehen. Obwohl er in steigendem Maße Gesundheitsprobleme hatte, führte Lloyd eine eigene Experimentierwerkstatt mit zwölf Beschäftigten in der Nähe seines Hauses in Menominee weiter. Er hatte die Vision einer neuen Stadt mit preiswerten Fertighäusern für die Fabrikarbeiter. Kurz vor seinem Tod unterbrach er dieses Projekt, um sich mit anderen, dringlicher erscheinenden Bauprojekten der Gemeinde zu beschäftigen.

Lloyd hatte sich immer in der Lokalpolitik und in Gemeindeprojekten engagiert. In den Jahren 1913 und 1917 war er Bürgermeister von Menomiee und wurde aufgrund seines kreativen Talents, das er auch hier unter Beweis stellte, als ›der tüchtige Lloyd‹ bekannt. Er war für eine Vielzahl sozialer Projekte verantwortlich, die er zum Teil persönlich ins Leben gerufen hatte – so etwa die Sicherung der öffentlichen Versorgung mit sauberem Wasser, der Bau eines Theaters, eines Warenhauses und später sogar eines Krankenhauses.

Marshall Burns Lloyd, dem über 200 Erfindungen zugeschrieben werden, starb am 10. August 1927. Seine Hinterlassenschaft belief sich auf über zwei Millionen Dollar, und es war nur seiner persönlichen Exzentrik und Großzügigkeit zuzuschreiben, daß dieses Vermögen nicht noch größer war. Die Annahme, Lloyds Neuerung in der Flechtproduktion – die Trennung des Rahmenbaus von der Flechtarbeit – hätte auch von einem anderen erfunden werden können, ist zweifellos falsch. Eine ganze Industrie hatte jahrhundertelang lang nach einer so ›einfachen‹ Lösung gesucht, doch ohne Lloyd wäre sie vielleicht bis heute nicht realisiert worden.

Lloyds letzte Ruhestätte, sein Mausoleum in Menominee, das seine Bedeutung für die Gemeinde widerspiegelt. Es wurde von einem befreundeten Architekt entworfen und gebaut, der am Tag nach Lloyds Tod in einem Interview der örtlichen Zeitung feststellte: »Es wird ein imposantes Grabmal auf dem Hügel, der den Eingang von Riverside [dem Friedhof] überschaut. Ein schöner Platz.«

Lloyd Loom in Amerika und England

Lloyd-Loom-Möbel wurden hauptsächlich in der Fabrik in Menominee hergestellt, daneben jedoch überall in Amerika und auf der Basis von Lizenzverträgen auch in anderen Ländern. Die Mehrzahl der übrigen Produzenten ist bedeutungslos, mit einer Ausnahme: ›W. Lusty & Sons‹ in London. Das von der Familie Lusty geführte englische Unternehmen produzierte in den Jahren zwischen den Weltkriegen eine ansehnliche Serie von Lloyd-Loom-Möbeln, und sein Name wurde in ganz Europa bekannt.

1921 verkaufte Lloyd seine Fabrikanlagen und damit auch die Herstellungsrechte für Lloyd Loom in den USA an die ›Heywood-Wakefield Company‹. Obwohl die Möbel weiterhin unter Lloyds Leitung in Menomiee entworfen und angefertigt wurden, spielte ›Heywood-Wakefield‹ eine bedeutende Rolle beim Vertrieb der Waren und der Sicherung ihrer Position auf dem Möbelmarkt. Als einer der ältesten und angesehensten amerikanischen Möbelhersteller besaß ›Heywood-Wakefield‹ eine Reihe von Fabriken, Warenhäusern und Ausstellungsräumen in verschiedenen Teilen Amerikas und beschäftigte beinahe 5000 Mitarbeiter. Als ›Heywood-Wakefield‹ 1921 Lloyds Anteile aufkaufte, übernahm das Unternehmen als erstes die Produktion der außerordentlich erfolgreichen Kinderwagenserie, mit der es seit 1918 mit den eigenen traditionellen Korbwagen im Konkurrenzkampf lag. Die Möbelkollektion, die 1922 vollständig auf den Markt kam, wurde ebenfalls übernommen. Die Produktion erfolgte in Fabriken in Chicago, Massachusetts und Kanada; die kanadische Fabrik lag in Orillia, Ontario, östlich vom Huronsee und von Meaford, wo Lloyd aufgewachsen war, und wurde zufällig von Alfred Lloyd geleitet, einem früheren Angestellten der Menomiee-Werke und Marshall B. Lloyds Neffen.

Der Verkauf von Lloyd Loom im Ausland

Obgleich Lloyd die Herstellungsrechte für Amerika 1921 an ›Heywood-Wakefield‹ verkauft hatte, behielt er die ausländischen Rechte an seiner Erfindung und hatte dort bereits nach Käufern Ausschau gehalten. Sein Lloyd-Loom-System hatte bei der ausländischen Presse durch Artikel in Handelsblättern und wissenschaftlichen Journalen große Beachtung gefunden; nach einem Artikel in *La Nature* wurden die französischen Rechte 1920 an René Duval und Pierre Mouronval verkauft, die beide in der Korbindustrie tätig waren. 1921 besuchte Duval die Menominee-Werke und brachte Maschinen zur Herstellung von Kinderwagen, Möbeln und Körben für den französischen Markt nach Frankreich mit. Nutzungsrechte und Maschinen wurden 1920 auch an H.C. Tucker für den australischen und neuseeländischen Markt verkauft; die Möbel wurden in Melbourne und Auckland hergestellt. Die weitere Geschichte dieser Unternehmen ist nicht bekannt, und bis heute sind keine Möbelstücke aus ihrer Produktion aufgetaucht. Zwei Fotografien aus dem Jahre 1930, die in *The Fabulous Interiors of the Great Ocean Liners* von William H. Miller, Jr. (Dover, 1985) erschienen sind, zeigen die französischen Dampfer *Ile de France* und *Champlaine*, deren Innenräume mit viel Holz und Rattan ausgestattet waren. Die abgebildeten Stücke sind jedoch eher Lloyd-Loom- als Rattanmöbel, was auf eine Verbindung zu Duval und Mouronval schließen läßt.

Auch in Deutschland wurde von Lloyd mit Hilfe deutschstämmiger Arbeiter seiner Menominee-Werke um 1922 eine Fabrik

Seltener Lloyd-Loom-Armsessel, Lusty-›Delux‹-Modell Nr. 65 (um 1928–41) mit abgerundeter Verkleidung des Vorderteils und kugelförmigem Detail an den Füßen. Das Exemplar (um 1928) weist die Originallackierung und ein eingeflochtenes Diamantmuster auf. Privatsammlung.

gegründet. Die ›Lloyd-Sello Fibre Company‹ in Fulda wurde von Elof Klar aufgebaut, der die Facharbeiter an den Maschinen in Menominee hatte ausbilden lassen. Die Fabrik wurde zweifellos im Zuge der nach dem Ersten Weltkrieg einsetzenden Welle des Optimismus gegründet, doch die Verhältnisse in Deutschland waren nach wie vor äußerst unsicher und schwierig. Trotz der schlechten Wirtschaftslage nahm das Werk 1923 die Möbelproduktion auf. Eine Fotografie der Werkshalle, die in den *Lloyd Shop News* erschien, zeigt auf einer Laderampe fertige Stücke, die identisch mit den von Lloyd hergestellten Möbeln sind. George Fussner, einer der ehemaligen Angestellten aus Menominee, übernahm die Leitung der Fabrik und sagte mit großem Optimismus den Erfolg des Unternehmens voraus, ›sobald die Zustände ... zur Normalität zurückgekehrt‹ seien. Ganz offensichtlich war dies jedoch nicht der Fall, denn nach November 1923 wird die deutsche Fabrik nicht mehr erwähnt.

1988 zeigte mir ein deutscher Lloyd-Loom-Sammler einige Stücke, die er in München erworben hatte. Zu jener Zeit wußte ich noch nichts über das Werk in Fulda und schätzte ihn glücklich, in Amerika hergestellte Lloyd-Loom-Möbel in Europa gefunden zu haben, wo sie gewissermaßen eine Rarität darstellen. Möglicherweise sind sie beim Umzug einer amerikanischen Familie nach Europa gelangt, doch heute halte ich es für wahrscheinlicher, daß sie aus dem Lloyd-Sello-Werk bei Fulda stammen.

Obwohl Lloyd-Loom-Möbel auch in anderen Ländern angefertigt wurden, war die dort hergestellte Menge im Vergleich zu Lustys Produktionszahlen sicherlich gering, wenn nicht sogar minimal. Lusty beherrschte den britischen Markt, produzierte Millionen von Stücken in über 400 verschiedenen Designs und exportierte die Möbel weltweit in die damaligen britischen Kolonien. Sie waren in Europa ebenso erfolgreich und ertragbringend wie Lloyds Möbel in Amerika. Beide Unternehmen zusammen sind für den größten Teil der vor 1940 hergestellten Loom-Möbel verantwortlich, die heute als Lloyd-Loom-Produkte der Blütezeit bekannt sind. Für die Geschichte von Lloyd Loom sind beide Unternehmen gleichermaßen bedeutsam; jedes spielte eine wichtige Rolle in Design und Vermarktung. Obgleich sich die englischen und amerikanischen Möbel ähneln, spiegelt ihr Charakter die unterschiedlichen Verhältnisse auf beiden Seiten des Atlantiks wider.

◁ Werkshalle der ›Lloyd-Sello Fibre Company‹, Fulda, um 1923. Aufgestapelte Möbel, die den in Menominee hergestellten stark ähneln, sind nahe der Türen zu sehen, die auf eine Laderampe führen.

▷ Lloyd-Schaukelstuhl Modell Nr. 07 mit Armlehnen, um 1928. Privatsammlung.

Die ›Lloyd Manufacturing Company‹

Lloyd gab den Loom-Möbeln zwar seinen Namen, doch die Maschinen, die die Mechanisierung der Produktion ermöglichten, waren das Ergebnis gemeinschaftlicher Arbeit. Im vorigen Kapitel ist deutlich geworden, daß Lloyd die Triebfeder eines bedeutenden Industriezweiges war, aber nach 1924, als die Massenproduktion begann, war er gesundheitlich schwer angegriffen und es ist kaum anzunehmen, daß er bei der Möbelproduktion noch eine tragende Rolle spielen konnte.

Der Kern seines Mitarbeiterstabes bildete sich noch vor der Erfindung des Lloyd-Loom-Webstuhls in den 90er Jahren des 19. Jahrhunderts in Minneapolis und wechselte 1907 mit Lloyd nach Menominee. Alle Mitglieder des Führungsstabes waren jünger als Lloyd und später, zwischen 1920 und 1940, maßgeblich an Design und Herstellung der Möbel beteiligt.

Unter den sechs Mitgliedern des Stabes ragte ein Mann besonders hervor: Lewis Larsen. Von Beginn an war Larsen an Lloyds Mechanisierungsprozeß und der Konstruktion seiner neuen Webstühle beteiligt. Er war auch für die Mehrzahl der Lloyd-Loom-Möbelentwürfe verantwortlich und wurde nach Lloyds Tod schließlich mit der Leitung der gesamten Fabrik und der Entwicklung neuer Produktlinien betraut.

Lloyds Partnerschaft mit Larsen begann 1903 und war von Anfang an sehr fruchtbar. In dem Werk *Letters to my Grandson*, das nach Larsens Tod 1958 von seiner Familie und Freunden veröffentlicht wurde, wird Larsens Bericht über seine erste Begegnung mit Lloyd zitiert. Es ging um Kinderwagen. ›Mr. Lloyd sagte, er sei Metallexperte. Der einzige Grund für seinen Einstieg ins Kinderwagengeschäft sei die Tatsache, daß sie vier Räder haben und er das Patent für eine neue Herstellungsmethode besitze. Ich wollte das Rad gerne sehen, und er zeigte es mir. Ich betrachtete es und sagte: »Mr. Lloyd, an dem Rad werden Sie eine Menge verändern müssen, ehe Sie es an einen Kinderwagen schrauben.« Diese Art von Bemerkung ging ihm gegen den Strich.‹ Offensichtlich aber in positiver Weise. Diese Anekdote erklärt nicht nur Lloyds Beweggründe für seinen Einstieg in einen bestimmten Markt, sie hebt auch Larsens unbestreitbaren Professionalität hervor und zeigt, wie diese erfolgreiche Partnerschaft entstand. Larsen entwickelte Lloyds Radentwurf weiter. Ebenso wie Lloyd in der ›C. O. White Company‹ fand Larsen in Lloyds Unternehmen und das perfekte Umfeld für die Entfaltung seiner Talente.

Die übrigen Mitglieder des Stabes waren nicht so bekannt, doch ebenso wichtig: Hilda Peterson, die Finanzchefin, ›eine der erfolgreichsten Geschäftsfrauen des Landes‹; Kristian Mathisen, der Werksleiter, der für die Maschinen verantwortlich war; und schließlich Claude Dalrymple, Direktor der unglaublich dynamischen Verkaufsabteilung.

◁ Lewis (Lewie) Larsen, Designer der Lloyd-Loom-Möbel und ab 1930 Generaldirektor in Menominee sowie einer der Direktoren der ›Heywood-Wakefield Co.‹, an seinem sechzigsten Geburtstag 1937. Er war Wegbereiter für Design und Herstellung amerikanischer Stahlrohrmöbel in den 30er Jahren.

Die ›Lloyd Manufacturing Co.‹ in Menominee, um 1924.

Die Lloyd-Werke in Menominee

Die Fabrik in Menominee war auf einem großen Grundstück nördlich der Stadt angesiedelt, nahe der früher so wichtigen Sägewerke, die nun nach und nach verschwanden. Das Gelände lag an der Green Bay im Norden des Michigan-Sees und bot genügend Platz für die in naher Zukunft nötigen Erweiterungen. Als Beispiel guter Planung war die Fabrik ein Symbol für die erfolgreiche Industrieproduktion des 20. Jahrhunderts. Die ursprünglichen Kerngebäude wurden 1907 errichtet, um Lloyds Umzug aus Minneapolis zu ermöglichen, doch die 1918 aufgenommene Korbmöbelproduktion machte bald den weiteren Ausbau nötig. 1920 kam in südlicher Richtung ein dreistöckiges Gebäude hinzu, rund 120 Meter lang und 30 Meter breit. Der verfügbare Raum verdoppelte sich so auf etwa 24 000 Quadratmeter und ermöglichte damit die Produktion von bis zu 1000 Kinderwagen am Tag.

1923 wurde bereits ein neues Bauprojekt in Angriff genommen, um am nördlichen Ende des Komplexes ausgedehnten Raum für die ständig wachsende Möbelproduktion zu schaffen. Die in vielerlei Hinsicht bemerkenswerte Fabrik war 1924 völlig fertiggestellt und ist bis heute intakt, fast wie damals, als die Geschichte der Korbflechterei neu geschrieben wurde.

Lloyds Firmenzeitung, die *Lloyd Shop News*, die in den 20er und 30er Jahren durch und für Angestellte der ›Lloyd Manufacturing Company‹ herausgegeben wurde.

LLOYD SHOP NEWS

PUBLISHED BY AND FOR THE EMPLOYEES OF THE LLOYD MANUFACTURING COMPANY

VOLUME 1 — MENOMINEE, MICHIGAN, NOVEMBER 25, 1920 — NUMBER 5

THE FAMOUS LLOYD LOOMS

FOREIGN LANDS USE INVENTIONS MADE BY LLOYD

Europe and Asia Already Have Factories in Which Big Chief's Devices Are Busy; Wicker Patents Lead.

Foreign countries are beginning to appreciate the power of Lloyd inven-... Within a short time factories ... Lloyd patents will be ... Europe and

GREAT CHANGES IN FACTORY ARE NOW UNDER WAY

Efficient Plan for Manufacturing Baby Carriages Worked Out; Many Departments Will Be Changed.

Greater efficiency and speed of production is the watchword of every manufacturing company in the nation today. Hence, it is the motto of The Lloyd company and, hence, it is the one great thing which will be brought about through the re-arrangement now under way.

Before many more weeks roll by this institution will be operating under a well defined plan which will go a long way in enabling the firm to keep up with ever-growing orders. Right now there is a slack in business but it is not hampering the company. ... it will prove a benefit in the ... permitting interior ... could not

NATIONAL TRUST GUIDE

Sammlung von Lusty-Loom-Möbeln, die zur Illustration eines Zeitschriftenartikels mit dem Titel ›Die Wiedergeburt von Lloyd Loom‹ fotografiert wurde; er war Teil einer Flut von Presseartikeln, die durch die erneute Beliebtheit und den Preisanstieg alter Lloyd-Loom-Möbel ausgelöst wurde. Von links nach rechts: Armsessel Modell Nr. 7351 (1935–40); Kinderschaukelstuhl, der auf einem Design der 30er Jahre basiert, aber aus den 50er Jahren stammt; Wäschebox Modell Nr. 162X (1933–40); (Schuh-) Schränkchen Modell Nr. 158 (1930–40); Armsessel Modell Nr. 27 (1927–40); Beistelltisch Modell Nr. 137 (1932–40) und Modell Nr. 7074, ein Sessel mit eingewebtem Flechtmuster (1935–40). *Good Housekeeping.* Fotografie: Huntley Hedworth.

W. LUSTY & SONS

William Lustys Unternehmertätigkeit begann 1872 mit einer kleinen Eisenwarenhandlung im Londoner East End. Daneben errichtete er einen Holzhandel mit angeschwemmtem Treibholz, das von Schleppkähnen aus dem nahen Kanal stammte. Um die Jahrhundertwende hatte er ein bedeutendes Familienunternehmen aufgebaut, das auf die Herstellung hölzerner Verpackungs- und Bierkisten spezialisiert war. Während des Ersten Weltkrieges konnte der Betrieb seinen Umfang durch die Fertigung von Munitionskisten vergrößern. 1918 hatte er sich beträchtlich erweitert und das vorhandene Kapital sollte in eine neue Produktlinie investiert werden.

Die Ausweitung der Produktion auf den Möbelsektor war charakteristisch für Lustys geschickte Anpassungsfähigkeit. Als einer seiner New Yorker Verkaufsagenten für Verpackungskisten in dem amerikanischen Handelsblatt *Packages* einen Artikel über Lloyds Erfindung las und Lusty darüber informierte, handelte dieser sofort und erwarb die britischen Vertriebsrechte. Frank Lusty fuhr im Mai 1920 nach Amerika, um sich mit Lloyds Produktionsverfahren vertraut zu machen. Er blieb vier Monate in Menominee und durchlief während dieser Zeit alle Abteilungen der Fabrik, um sich fundiertes Wissen über das System anzueignen. Die kompletten Lizenzen und die maschinelle Grundausstattung erwarb Lusty 1921 und nahm im folgenden Jahr die Produktion auf. Lusty und Lloyd standen nie in direkter Konkurrenz zueinander, sie pflegten vielmehr zu beider Nutzen enge Geschäftsverbindungen und machten gemeinsam Gebrauch von den entwickelten Ideen und Entwürfen für die Möbelherstellung.

△ Lustys Fabrikanlagen in Bromley-by-Bow im Londoner East End, nahe der Docks; die Lage erwies sich 1940 als verhängnisvoll für die Familie Lusty. Der Kanal wurde zum Transport des für die Möbel- und Kistenherstellung benötigten Hartholzes genutzt, doch der Platz war für die Lagerung zu beengt. Heute sind dort neue Industriebetriebe angesiedelt, doch die Stelle ist noch zu erkennen, obwohl die Eisenbahnschienen (oben links) und die meisten der Lusty-Gebäude verschwunden sind.

◁ William Lusty (ganz links sitzend) mit seiner Familie bei der Hochzeit seines Sohnes William im Jahr 1915. Frank Lusty, der später nach Menominee reiste, um Lloyds Herstellungstechnik zu studieren, steht hinter William jr. und zwischen zwei seiner Brüder, J. F. und Arch Lusty; sie alle waren an der Lloyd-Loom Produktion in England unter Lizenz von Lloyd beteiligt.

Die Lusty-Werke in London

Der Firmenkomplex von ›Lusty Lloyd Loom‹ bedeckte ein Gebiet von etwa 17 Morgen in Bromley-by-Bow im Londoner East End. Er lag in einem typischen städtischen Industriegebiet und bildete ein Dreieck, das auf der einen Seite durch einen Nebenarm des Grand Union Canal, auf den beiden anderen durch die Empson Street und zahlreiche Bahnlinien eingegrenzt wurde. In der Nachbarschaft breiteten sich dicht gedrängte viktorianische Häuserreihen aus, wo die meisten von Lustys Angestellten und viele andere Fabrikarbeiter wohnten.

Der Gegensatz zwischen dem amerikanischen und dem englischen Werk konnte also nicht größer sein. Einerseits das Werk in Menominee, dessen mit Bedacht gewählte Lage in freier Natur genügend Platz für Expansionen bot, andererseits das eingeschnürte Londoner Werk, größtenteils eine wirre Masse umgebauter, schlecht angeordneter Gebäude ohne den Raum oder die Möglichkeit für irgendwelche Erweiterungen.

Das Werk in Menominee war der Stolz der ganzen Stadt. Es war ein Wahrzeichen der Gegend und wurde sogar zu einer Touristenattraktion. Für die Besucher gab es Führungen und eine spezielle Broschüre, ›Mein Besuch der Lloyd-Werke‹. In den 30er Jahren hatte dies einen ebenso innovativen und originellen Touch wie die Möbel, für die es stand. Dagegen ist es schwer, sich Touristen auf einem Rundgang durch Lustys Londoner Fabrik vorzustellen. Doch trotz der eindeutig chaotischen Zustände war das Werk zweifellos ebensogut ausgestattet und genauso produktiv wie das amerikanische.

Lloyd Loom und der amerikanische Markt

Der amerikanische Markt war vollkommen anders geartet als der englische. Dank des überwältigenden Erfolgs seiner Kinderwagen war Lloyds Absatz gesichert und seine Belegschaft mit dem Material und den technischen Anlagen für die Möbelherstellung bestens vertraut. Lustys Name hingegen war nicht so bekannt; er begann ohne Erfahrung mit der Korbflechterei, ohne Beziehungen zum Möbelhandel und mit einem bis dahin in England unbekannten Produkt.

Lloyds Optimismus war auf seine solide unternehmerische Erfahrung und seine genaue Kenntnis des Marktes gegründet, doch stellte er auch bestimmte Berechnungen an. Die Möglichkeiten der Möbelproduktion wurden in einem längeren Artikel in der Oktoberausgabe der *Lloyd Shop News* von 1920 dargestellt. Der Artikel analysierte die Gründe für den Erfolg der Kinderwagen und stellte die These auf, daß nur einer von sechsundneunzig Amerikanern an einem Kinderwagen interes-

Unten und folgende Seite: Kinderwagen-Parade, um 1922, USA.

siert sei. Angenommen, die meisten Familien kauften nur einen Kinderwagen und benutzten diesen immer wieder – wie sah dann der potentielle Absatzmarkt für Möbel aus? Der logische Schluß lautete, daß die Nachfrage nach Möbeln ganz anders geartet sei. In diesem Zusammenhang wurden einige recht bemerkenswerte statistische ›Fakten‹ aufgeführt: ›Einer von vierundzwanzig Amerikanern ist Möbelkäufer‹ und müsse ›ständig abgenutzte Möbel ersetzen ... Jeder Kunde braucht zwischen dreißig und fünfundsiebzig Stücke, davon sechs bis zwanzig Korbmöbel‹! (Leider ist nicht bekannt, wie diese Zahlen errechnet wurden.) ›Folglich‹, fuhr der Artikel fort, ›ist die Nachfrage nach Korbmöbeln vierzigmal höher als die Nachfrage nach Kinderwagen und wächst ständig.‹ Zusammenfassend stellte sich die Frage, ›was geschehen wird, wenn die schon in der Kinderwagenherstellung so erfolgreiche Lloyd Company nun auch noch in die Korbmöbelproduktion einsteigt.‹

Man könnte den Artikel durchaus als übertrieben ansehen. Die Popularität der Korbmöbel war um 1920 bekanntermaßen weit von ständigem Wachstum entfernt und begann in Amerika nachzulassen. Die im 19. Jahrhundert so beliebten reich verzierten Korbmöbel waren aus der Mode gekommen. Die Industrie war durch den Mangel an neuen Stilrichtungen lahmgelegt. Lloyd Loom bot äußerlich das feine Geflecht, das qualitativ hochwertige Korbprodukte auszeichnet, aber viel entscheidender ist, daß neue, einfache und doch elegante Formen in Massenproduktion hergestellt wurden. Das ›Lloyd-Loom‹-Firmenzeichen war sehr wichtig, da es etwas Neues enthielt, nämlich das Wort ›Loom‹ (Webstuhl), das eine Verbindung zum Industriezeitalter herstellte. Eine andere Bezeichnung hätte sicher nicht dieselbe Wirkung gehabt.

Lloyds Berechnungen sollten jedoch mit Vorsicht genossen werden. Obgleich die Möbelkollektion äußerst erfolgreich war und die Belegschaft in Menominee verdoppelt werden mußte, wäre es für das Unternehmen unmöglich gewesen, die Kinderwagenproduktion auch nur annähernd um das ›errechnete‹ Vierzigfache zu übertreffen. Eine derart enorme Expansionsrate wäre einfach unrealisierbar gewesen, daher auch Lloyds Entscheidung, mit ›Heywood-Wakefield‹ zu fusionieren und ausländische Lizenzen zu vergeben. Lloyd Loom kam in Amerika und England 1922 praktisch gleichzeitig auf den Markt und war in Amerika sofort ein Erfolg, während das Echo in England zunächst sehr verhalten war.

▷ Seite aus dem Katalog der ›Lauerman Brothers Co.‹, Marinette, für das Jahr 1926 (mit damaligen Preisen). Der Katalog enthielt drei Seiten mit Lloyd-Loom-Produkten; hier sind die weniger teuren Modelle abgebildet. Begleittext: »Statten Sie Bibliothek, Wohnzimmer oder Veranda mit diesen herrlichen, preiswerten Lloyd-›Fibre‹-Garnituren aus ... sie bieten Schönheit für wenig Geld und werden das Schmuckstück Ihres Heimes sein.« Die abgebildeten Stücke gehören zu den beliebtesten Lloyd-Designs der 20er Jahre.

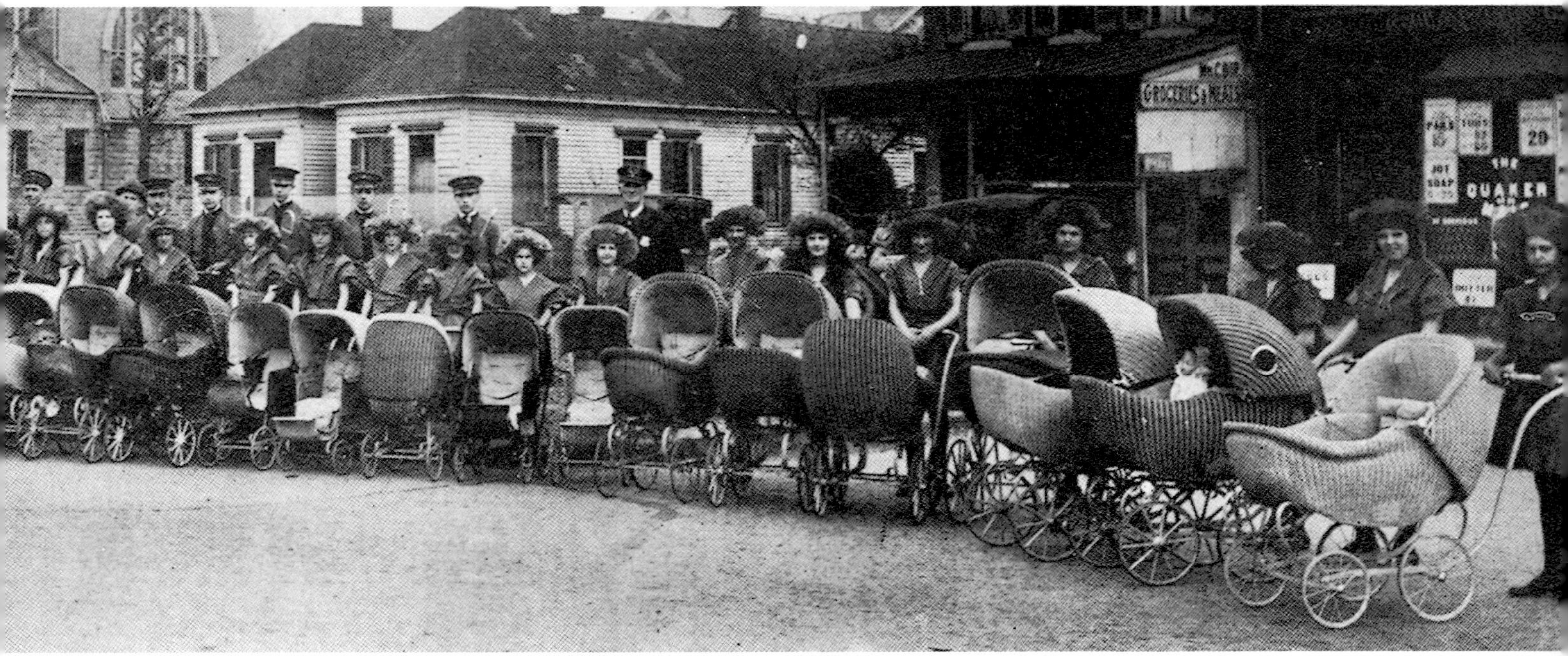

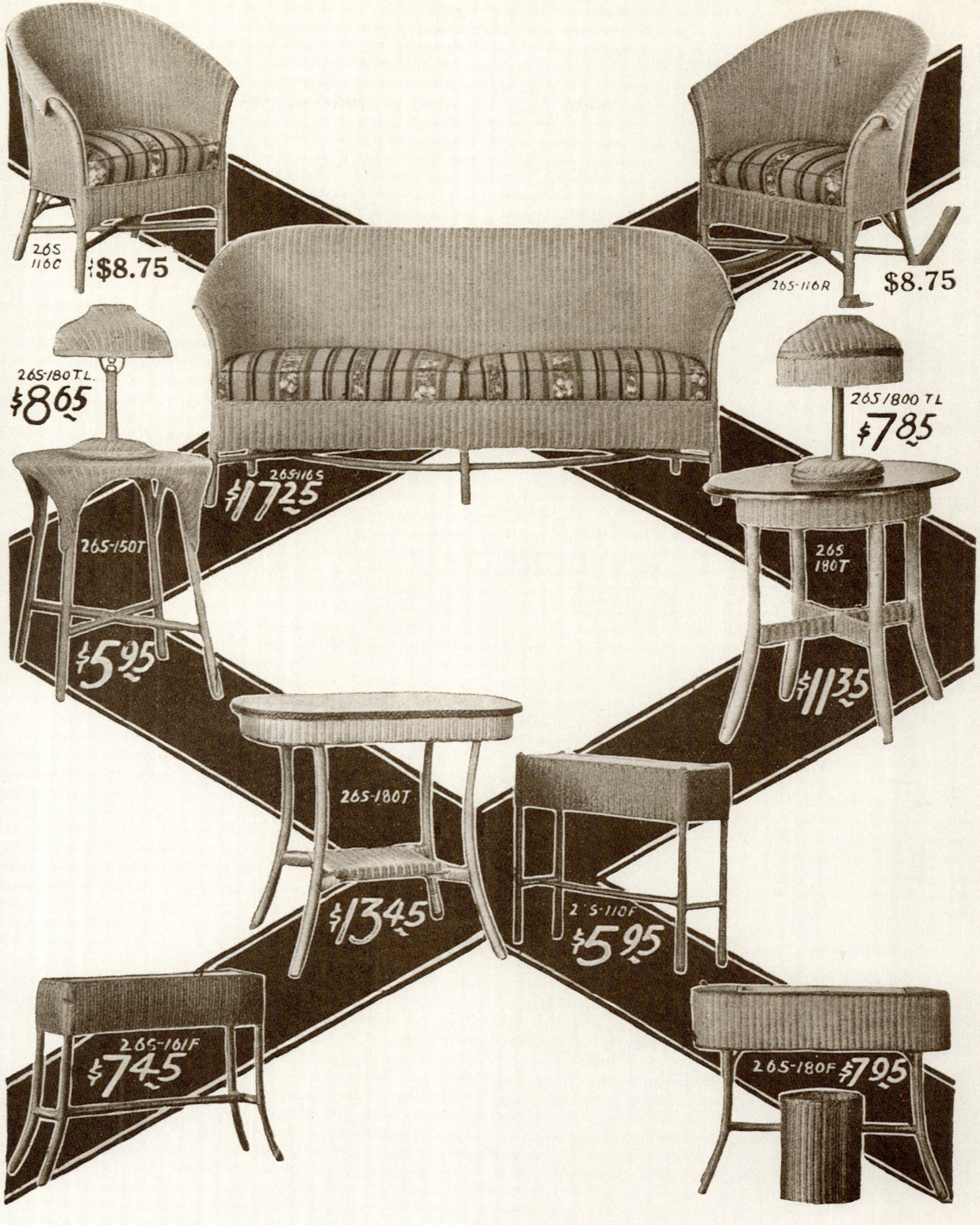
265 110C
$8.75
265-116R
$8.75
265-180 T.L.
$8.65
265-116S
$17.25
265/1800 TL
$7.85
265-150T
$5.95
265 180T
$11.35
265-180T
$13.45
2 'S-110F
$5.95
265-161F
$7.45
265-180F
$7.95

Lusty Loom – vom Rand des Abgrunds zum Erfolg

Im Vergleich zum amerikanischen war der frühe englische Lloyd Loom gröber und eher rustikal. Die Entwürfe beruhten auf einer einfachen Konstruktionstechnik, bedingt durch den Mangel an gut ausgebildeten Fachkräften. Da Lusty in den beiden ersten Jahren gleichzeitig die Produktlinien einführen, den Umsatz sicherstellen und die Arbeiter ausbilden mußte, besaßen die meisten Stücke eine quadratische Grundform, die keine komplexe Gestaltung erforderte. Ein Beispiel für Lustys Entwürfe und Herstellungstechniken zu diesem frühen Zeitpunkt ist auf Seite 138 abgebildet. Es beweist, daß die schlichte Eleganz, für die Lloyd Loom heute berühmt ist, nicht über Nacht erreicht wurde.

Doch Lusty hatte noch mit ernsteren Problemen zu kämpfen. 1924 machte der Umsatz in Amerika über dreieinhalb Millionen Dollar aus; der Absatz in England war dagegen kläglich, und Lusty stand am Rande des Zusammenbruchs. Obwohl durch die Verfeinerung der Produktionstechnik der amerikanische Standard erreicht werden konnte, blieb die Resonanz auf dem englischen Markt gering. Eine traditionelle Korbindustrie gab es nicht, und in den englischen Haushalten hatten Korbmöbel nicht so selbstverständlich ihren Platz gefunden wie in Amerika. Sie wurden nur von einer kleinen, privilegierten Schicht nachgefragt, die sich eigene Wintergärten, Landhäuser und große Gärten leisten konnte. Als normale Gebrauchsmöbel wurden sie nicht akzeptiert, und in der Verwendung als Gartenmöbel war ihr Markt durch das launische englische Klima beschränkt.

Lloyd hob die ausgezeichnete Qualität seiner Möbel und ihre Überlegenheit gegenüber traditionellen Korbmöbeln hervor, und die frühen Anzeigen priesen sie als Möbel an, ›die mit jeder Art von Inneneinrichtung harmonieren‹. Die Kritiken waren gut, erschienen aber offenbar nur neben solchen für solide Gartenmöbel.

Die Umstellung der Lusty-Werke auf Lloyd Loom hatte enorme finanzielle Investitionen erfordert. Die Produktionskosten der Loom-Methode waren zwar niedrig, jedoch nur bei einer Massenproduktion, die Lusty noch immer zu erreichen versuchte. Im Bewußtsein, daß der Markt erst erschlossen werden mußte, konzentrierte sich Lusty auf die Verbesserung der Produktpalette und publizierte einen kostenlosen Prospekt ›mit Fotos von 30 zweckdienlichen Entwürfen‹. Die Zeitschrift *Ideal Home* war Hauptträger des Werbefeldzugs, doch im allgemeinen waren die Anzeigen farblos und unattraktiv. Der Absatz stieg zwar, blieb aber in entmutigender Weise hinter den Erwartungen zurück. Erst 1929 trat eine Wende ein.

△ Frühe Lusty-Anzeige aus *Ideal Home* vom Juli 1923. Abgebildet sind eine sehr seltene Version des Armsessels Modell Nr. 28 und ein früher Tisch, dessen Beine mit geflochtenem ›Fibre‹ verkleidet waren.

Royds Werbefeldzug

Diese Wende wurde letztlich durch einen brilliant geführten Werbefeldzug ausgelöst, der Lloyd Loom endlich zum bekannten Markennamen machte und dem Image der Korbmöbel als reine Gartenmöbel ein Ende bereitete. Die Lustys waren keine Werbefachleute, und die hervorragende Kampagne war das Werk der Werbeagentur Royds, die von George Royds geleitet wurde. Seine Devise war kurz: »Wir müssen die Möbel in die Häuser bringen«.

Royds wußte, daß der Werbefeldzug mit Bedacht angegangen werden mußte. Verkaufserfolge konnten nicht dadurch erzielt werden, daß man die Produkte einfach ins Standardange-

▷ Lustys komplexerer Armsessel Modell Nr. 5294 mit wellenförmig gebogener Vorderblende. Dieses frühe Modell (um 1929) mit eingeflochtenem Diamantmuster stammt aus der von 1928 bis 1940 produzierten ›Delux‹-Serie und ist heute sehr selten. Sammlung der Anacara Company, Stamford, USA.

bot für Inneneinrichtung einordnete und die Kunden davon zu überzeugen versuchte. Die Kampagne mußte mit viel Geschick organisiert werden, um das Publikum zu gewinnen. Royds assoziierte die Möbel zunächst mit dem Sommer – statt mit dem Garten – und hob auf die Wärme, die frische Luft und die Annehmlichkeiten dieser Jahreszeit ab, die zum Öffnen der Türen und Fenster verlockte. Dies erreichte er durch stilisierte Farbgraphiken, die den Möbeln einen warmen, träumerischen, schimmernden Glanz verliehen und sie als Teil des Sommers erscheinen ließen. Der Standort blieb absichtlich unklar – der geschickte Gebrauch von Schatten und Perspektive erzielte den Effekt, daß die im Freien angeordneten Möbel im Haus zu stehen schienen (siehe Seite 11); Blumenbeete und ähnliche Merkmale eines Gartens waren auf den Graphiken nicht zu sehen. Andere Illustrationen zeigten die Möbel direkt vor dem Haus, nahe der immer geöffneten Glastüren, welche die Möbel anzuziehen schienen. Auf diese Weise ›bewegten‹ sie sich langsam nach innen.

Erfolg in England

Der nächste Schritt bestand darin, die Möbel hinter die Terrassentüren zu bringen. Man konnte ins Freie sehen, das wieder mit träumerischem Effekt stilisiert war, und ein einzelner Tisch mit einem Stuhl suggerierten die Möglichkeit zur Verwendung sowohl im Freien als auch im Wohnzimmer.

Die Ausdehnung der Werbekampagne brachte eine wachsende Popularität der Möbel mit sich; der endgültige Durchbruch gelang, als die Nachfrage durch englische Hotels begann. Der Beschluß der ›London and North East Railways‹, kurz L.N.E.R., ihre Eisenbahnhotels mit Lloyd Loom auszustatten, war für Lusty das Zeichen der Anerkennung, auf das er so lange gewartet hatte. Die Engländer waren sehr stolz auf ihre Bahn, deren Hotels als Aushängeschilder galten – und Lusty war nun berechtigt, mit dem Slogan »Die L.N.E.R.-Hotels wählen Lloyd Loom. Folgen Sie ihrem Beispiel!« zu werben. Keine respektable Familie der englischen Mittelschicht wollte bei ihren Nachbarn den Eindruck erwecken, sie statte ihr Wohnzimmer mit Gartenmöbeln aus, doch wie konnten sie als solche betrachtet werden, wo sie doch zur Einrichtung angesehener Hotels gehörten? »Die Experten der L.N.E.R. wählen den echten Lloyd Loom, um ihre großartigen Hotelhallen elegant und erlesen einzurichten. Millionen von Hotelgästen werden die erstklassige Qualität schätzen.« Die stilisierten Farbgraphiken verschwanden; an ihre Stelle traten Fotos effektvoll plazierter Loom-Möbel und bestätigten ein für allemal, daß diese ihren Platz im Haus gefunden hatten. Die Möbel wurden nur noch gelegentlich im Garten abgebildet – die Terrassentüren hatten sich hinter ihnen geschlossen. Sie gehörten von nun an in Wohn- oder Schlafzimmer, in Badezimmer, Kinderzimmer oder Dielen – und konnten sogar in den Garten gestellt werden.

Auf der anderen Seite des Atlantiks hatte Lloyd nicht mit

Die Lusty-Anzeige ›Die L.N.E.R.-Hotels wählen Lloyd-Loom . . .‹, erfolgreicher Abschluß der vierjährigen Werbekampagne, um die Anerkennung der Produkte als Inneneinrichtung und nicht nur als reine Gartenmöbel zu erreichen (*Ideal Home*, April 1934). Die abgebildeten Möbel, der Armsessel Modell Nr. 5294 und vor allem das passende Sofa, sind heute seltene Sammlerstücke. Ebenso rar und vor allem ungewöhnlich sind der Papierkorb mit ›Barbola‹-Verzierung, der Nähkorb auf einem Gestell und der Kuchenständer (hinter dem ›Delux‹-Tisch fast verborgen).

HOTELS

LLOYD LOOM

derartigen Schwierigkeiten zu kämpfen. Seine Möbel waren gut auf einem Markt eingeführt, der nicht wie der englische durch ein launisches Klima beeinflußt wurde. Die Sommer waren in weiten Teilen Amerikas extrem heiß, und die Werbung war entsprechend anders angelegt: die Möbel wurden als ›leicht und luftig‹ angepriesen. Eine Anzeige mit dem Slogan ›So wirkt ihr Wohnzimmer frisch und kühl‹ erschien im Juli 1930 in der *Saturday Evening Post*. Lloyd nutzte diese seriöse, populäre Zeitschrift für einen Großteil seiner nationalen Werbung, die hauptsächlich aus stilisierten Farbgraphiken bestand, wie sie auch Lusty verwendete. In diesem Fall betrachtet eine zierliche weibliche Figur die Anordnung ihrer Lloyd-Loom-Garnitur. Die Anzeige hebt auf die Leichtigkeit der Möbel und die Problemlosigkeit ab, mit der sie ›von einer Frau mit viel Sinn für Schönes, die ihre Einrichtung je nach Lust und Laune anders arrangieren möchte, ohne Hilfe von einem Raum zum anderen bewegt werden können‹.

Lusty führte eine breite, für die damalige Zeit ziemlich avantgardistische Palette leuchtender Farben für seine Produkte ein. Der Gebrauch von Farben bei der Möbelherstellung war damals auf die Polsterstoffe beschränkt; die Möbel selbst waren in der Regel in Mahagoni- oder Eichetönen gehalten. Royds farbige Anzeigen verwendeten intensive, lebhafte Farben, die Möbel erschienen gewöhnlich in leuchtendem Orange. Obwohl diese Farbe auch bei Lloyd verwendet wurde, war dessen Farbpalette nicht so umfangreich und eher konservativ, was jedoch im Hinblick auf das Design der Möbel ganz und gar nicht zutraf. Der amerikanische Lloyd Loom ist auffallender im Stil und im allgemeinen größer als die englischen Gegenstücke. Lusty berücksichtigte den eher formellen und zurückhaltenden Geschmack der Engländer. Lloyd verzierte die Möbel meist mit durchbrochenen oder geflochtenen Mustern, doch solche Verzierungen wurden von den Briten als übertrieben angesehen und weitaus seltener hergestellt.

▷ Lloyds Anzeige in der *Saturday Evening Post* (Juli 1930). Die Illustration, eher stilisiertes Kunstwerk als die konkrete Darstellung bestimmter Modelle, zeigt einige der hochwertigsten Lloyd-Sitzmöbel jener Periode, die geschickt in einer einzigen Abbildung vereint sind.

Rechte Seite: Seltene Lloyd-Loom-Stücke, die im Lloyd-Katalog von 1928 abgebildet waren: Armsessel Nr. 61 (links); Armsessel Nr. 33 (rechts); kleiner Sekretär Nr. 27 und ›Bridge Lamp‹ Nr. 27.

Die Blütezeit

Für die amerikanischen Loom-Möbel können die 20er Jahre als Blütezeit betrachtet werden. Sie hatten 1922 bei der Markteinführung sofort großen Erfolg und konnten sich dort schnell etablieren; den Höhepunkt ihrer Beliebtheit erreichten sie um die Mitte des Jahrzehnts. Bis zum zweiten Weltkrieg wurden sie kontinuierlich produziert, doch in den frühen 30er Jahren nahm die ›Lloyd Manufacturing Company‹ unter der Leitung von Lewis Larsen zusätzliche Produktlinien auf, und Lloyd Loom wurde weniger Gewicht beigemessen.

Die Weltausstellung von 1933 in Chicago war der Beginn der Ära des modernen Designs. Das Zeitalter von Stromlinienform, Chrom und Stahl war angebrochen. ›Lloyd Manufacturing‹ stellte ebenfalls aus und zeigte nicht den traditionellen Lloyd Loom, sondern moderne, sehr nüchterne, verchromte Stahlrohrmöbel. Nur wenige der Entwürfe verwendeten das Lloyd-Loom-Geflecht. Ein Lloyd-Katalog vom September 1933 stellte fest, daß ›die Weltausstellung den Geschmack der Nation verändert hat‹, und zeigte sich in der Lage, eine Überfülle neuer Entwürfe anzubieten, um sich dieser Veränderung anzupassen. Auch das Kinderwagengeschäft, erfolgreichster Produktbereich der 20er Jahre, wurde dadurch beeinträchtigt. Korbgeflecht hatte in dieser neuen Stilrichtung keinen Platz und wurde allmählich durch Chrom und Stahl ersetzt, die besser zu den klaren und einfachen modernen Formen paßten.

Der Lloyd-Katalog von 1928 hatte über achtzig verschiedene Lloyd-Loom-Möbelstücke enthalten; der Katalog von 1933 bot nicht einmal zwanzig an, und obgleich bis 1941 jedes Jahr einzelne Entwürfe auftauchten, war die gesamte Produktpalette wesentlich kleiner als jene der 20er Jahre. Die Korbprodukte fanden dennoch ihren Absatz. Für die Umsätze des Unternehmens waren sie nach wie vor sehr wichtig, und tatsächlich subventionierten sie die Entwicklung neuer Produktlinien.

Der Lusty-Lloyd-Loom-Katalog enthielt 1933 über vierhundert Entwürfe und die Möbel waren auf dem Höhepunkt ihrer Beliebtheit. Auch Lusty diversifizierte seine Produktion und stellte eine große Kollektion von ›Maid-Saver‹-Küchenschränken her. Diese aus Sperrholz hergestellten Vorläufer moderner Einbauküchen beanspruchten fast die Hälfte seiner Standfläche auf den Handelsmessen des Jahres 1936. Doch die Lloyd-Loom-Möbel nahmen noch immer den ersten Platz ein, es gab keine Anzeichen für ein Nachlassen ihrer Beliebtheit. Der Lusty-Loom-Katalog enthielt bis zum Beginn des Krieges vierhundert Modelle, wobei nur einzelne Entwürfe teilweise verändert wurden.

COMFORT AND DURABILITY.
LLOYD LOOM
REGD. TRADE MARK
WOVEN · FIBRE FURNITURE
a 'Lusty' product

Das Ende einer Ära

Der Zweite Weltkrieg setzte den Glanzzeiten der Lloyd-Loom-Produktion in Amerika wie auch in England ein Ende. Im Falle Lustys war das Ende gewaltsam und abrupt. Die Fabrik befand sich nördlich der Londoner East India Docks und damit in gefährlicher Nähe eines der Hauptangriffsziele der deutschen Luftwaffe. Am Nachmittag des 7. September 1940 wurde sie von Brandbomben getroffen und völlig zerstört, ebenso die Lagerhalle mit über 20 000 Möbelstücken. Da der Zeitpunkt des Angriffs glücklicherweise auf einen Samstagnachmittag fiel, war die Fabrik geschlossen, so daß wenigstens keine Opfer unter den Angestellten zu beklagen waren. Das Flammenmeer konnte nicht gelöscht werden. Obgleich 1945 ein neues Gebäude entstand, hatte das Feuer mehr als nur eine Fabrik zerstört. Lusty brachte zwar wieder Lloyd Loom auf den Markt, doch die beherrschende Stellung der Vorkriegsjahre konnte nie mehr wiedererlangt werden.

Lustys erster Nachkriegskatalog erschien erst 1951 und war von so geringem Umfang, daß Lusty eine erklärende Entschuldigung beifügte: ›Wir bedauern, zur Zeit nicht die umfassende Kollektion der Vorkriegsjahre anbieten zu können, doch unglücklicherweise wurde unsere Möbelfabrik im September 1940 durch einen feindlichen Angriff vollständig zerstört, und wir konnten erst nach der Einstellung der Waffenhandlungen mit unserem Wiederaufbauprogramm beginnen.‹ Der Katalog verwendete farbige Illustrationen aus den 30er Jahren, auf denen Stücke und Details abgebildet waren, die in Wirklichkeit gar nicht mehr hergestellt wurden.

Es ist erstaunlich, daß der Betrieb überhaupt in der Lage war, so kurz nach dem Krieg die Möbelproduktion mit Maschinen, die aus den Trümmern geborgen wurden, wiederaufzunehmen. Die wirtschaftliche Notlage machte Änderungen im Design erforderlich, damit die Möbel so billig und materialsparend wie möglich produziert werden konnten. Lusty stellte keine minderwertige Ware her, aber viel von ihrem früheren Charakter war verlorengegangen. Das Unternehmen expandierte in den 50er Jahren und produzierte zum Teil sehr erfolgreiche neue Designs, aber gegen Ende des Jahrzehnts gingen die Umsätze zurück. Die Londoner Werke wurden verkauft und das größenmäßig stark reduzierte Unternehmen nach Martley bei Worcester verlegt. Ein farbiger Prospekt aus jener Zeit zeigt das Möbelangebot, das in den frühen Sechzigern auf etwa ein Dutzend Stücke geschrumpft war, die zum Großteil wenig oder gar keine Ähnlichkeit mit den Möbeln der Vorkriegszeit aufwiesen. Der Betrieb stellte 1968 die Produktion ein und wurde bald darauf liquidiert.

Plakat von 1937, das als Lusty-Werbung zur Dekoration von Schaufenstern in Möbelgeschäften verwendet wurde. Zu sehen sind ein seltener Kaffeetisch Modell Nr. 03A, sowie die ›Delux‹-Sessel Nr. 8311 und 8308.

Die zerstörten Lusty-Fabrikanlagen nach dem Bombenangriff vom 7. September 1940.

Im Gegensatz dazu hatten sich die amerikanischen Werke in Menominee 1941 auf Kriegsproduktion umgestellt und fertigten Munitionskisten, Lazarettausstattungen, Flugzeugteile und später die Rahmen der Gleitboote für die Invasion der Alliierten in der Normandie. Nach dem Krieg kehrte das Unternehmen nicht sofort zur Produktion von Lloyd Loom zurück. Es hatte im Krieg große Anstrengungen unternommen und damit neben hohem Ansehen auch lukrative Regierungsaufträge für die Ausstattung von Schulen und öffentlichen Einrichtungen gewonnen. In den frühen Sechzigern liefen diese Aufträge jedoch allmählich aus, und das Unternehmen, das den Großteil seines Möbelgeschäfts und viel von seinem Schwung verloren hatte, befand sich in großen Schwierigkeiten. ›Heywood-Wakefield‹ wurde 1982 aufgelöst und die Fabrik in Menominee, seit 1907 ununterbrochen produktiv, schloß ihre Pforten.

Ein Nachwort

Dies ist noch nicht das Ende der Geschichte des Lloyd Loom. 1982 kaufte Don Flanders von ›Flanders Industries‹, ein angesehener und erfolgreicher Hersteller moderner Gartenmöbel, die Lloyd-Werke in Menominee auf. Flanders hatte die Möglichkeiten des original ›Lloyd-Fibre‹ als Alternative zu Metall und Plastik, den heute allgemein üblichen Materialien für Gartenmöbel, erkannt. Er gründete ein neues Unternehmen, ›Lloyd/Flanders‹, das moderne Techniken entwickelte, um dem ›Fibre‹ zusätzliche Wetterbeständigkeit zu verleihen. Die original Lloyd-Maschinen wurden wieder in Betrieb genommen und stellten bald eine hochwertige neue Linie zeitgemäßer Möbel für Garten und Swimmingpool her.

Als der Betrieb mit einer erfolgreichen Möbelkollektion wieder im Geschäft war, beschloß ›Lloyd/Flanders‹, als Hommage an das historische Erbe eine kleine Kollektion traditioneller Entwürfe herzustellen. 1985 kam die ›Heirloom‹-Serie auf den Markt, die so gut aufgenommen wurde, daß ihr die Kollektionen ›Reflections‹ (1987) sowie ›Traditions‹ und ›Classics‹ (1988) folgten, die ebenfalls der Vergangenheit huldigen. Diese Möbel werden nach originalen Lloyd-Entwürfen und Herstellungstechniken fast auf dieselbe Weise wie 1922 von Hand angefertigt. Die Geschichte des Lloyd Loom wiederholt sich – wieder einmal kommen amerikanische Korbprodukte aus Menominee, dieses Mal unter dem Namen ›Lloyd/Flanders‹, dem einzigen großen Hersteller amerikanischer Korbmöbel.

Häufig sind Dinge, die heute als Antiquitäten gelten, eine Zeitlang aus der Mode, bevor sie ihren Wert wiedergewinnen, ins rechte Licht gerückt werden und schließlich in Museen oder Sammlungen ihren Platz finden. So geschah es auch mit Lloyd Loom. Vor dem Krieg hergestellte Loom-Produkte waren ungeheuer erfolgreich und eine große Anzahl überlebte aufgrund der hohen Qualität. Viele Stücke wurden allerdings in den Sechzigern einfach deshalb zerstört, weil sie unmodern und unverkäuflich schienen. In den frühen 80er Jahren jedoch tauchten mehr und mehr Lloyd-Loom-Möbel in Antiquitätengeschäften und Designerzeitschriften auf und stiegen enorm im Wert.

Um die Mitte der 80er Jahre hatten sich die Möbel als Klassiker etabliert und neben ›Lloyd/Flanders‹ in Amerika begannen auch europäische Hersteller Lloyds Entwürfe zu kopieren. Einige dieser Unternehmen produzieren originalgetreue Möbel; andere lassen die Entwürfe im Ausland aus Rattan (von Hand und mit traditionellen Konstruktionstechniken) nachbauen, um ähnlich aussehende Möbel zu produzieren – damit hat sich der Kreis geschlossen. Dies ist vielleicht als endgültiges Zeichen der Anerkennung der damals so aufsehenerregenden Möbelentwürfe aus Menominee anzusehen. Mittlerweile beginnen sogar Museen, die als Antiquitäten geltenden Originale zu sammeln.

Modelle aus der Lloyd Loom ›Classic‹-Linie, hergestellt von Lloyd/Flanders in den Menominee-Werken unter Verwendung des Originalwebstuhls und der übrigen Maschinen Lloyds. Illustration aus dem Katalog 1990, mit freundlicher Genehmigung von Lloyd/Flanders.

Die Herstellung von Lloyd Loom

Obwohl das Geflecht der Lloyd-Loom-Möbel mit Maschinen hergestellt wurde, kann man nicht behaupten, sie seien insgesamt maschinell produziert worden. Der Webstuhl war ein wichtiger Bestandteil des Fertigungsprozesses, doch das gewebte ›Fibre‹ mußte von Hand auf den ebenfalls handgearbeiteten Gestellen befestigt werden. Das Ergebnis waren qualitativ hochwertige, handgefertigte Möbel, die aus diesem Grund auch so viele Jahrzehnte überdauerten.

Die Werke in Menominee und London stellten die nötigen Bestandteile für die Möbelproduktion selbst her. Lediglich das Basismaterial – Packpapierrollen, Holz und Stahl – wurde eingekauft. Die Betriebe hatten eigene Ingenieure und Abteilungen für Design sowie Instandhaltung und Reparatur der Maschinenausrüstung. Die Werke waren fast gänzlich autonom, und beinahe alles, bis hin zu den Sprungfedern für die Polsterung, wurde in den Fabriken selbst angefertigt.

Bei der Lloyd-Loom-Herstellung gab es vier wichtige Produktionsschritte, die alle in den eigenen Werksanlagen durchgeführt wurden: der Bau des Rahmens, das Flechten des ›Fibre‹ auf den Webstühlen, die Montage der Möbel und nicht zuletzt die Nachbearbeitung der einzelnen Stücke. Die Erklärung jedes einzelnen dieser Schritte liefert nicht nur notwendige Erkenntnisse über die Herstellung der Möbel, sondern zeigt auch Details, die für jeden Sammler von Lloyd-Loom-Stücken wertvoll und nützlich sind.

Vorraum zu den Duschen im ›Bath and Racquets Club‹, Mayfair, London, der mit Lusty-Sesseln mit eingeflochtenem Webmuster (1935–40) und dem Lusty Tischmodell Nr. 8016 (1934–37) ausgestattet ist. In den 30er Jahren wurden in London verschiedene Varianten dieses Tisches hergestellt, der mit Ablagen für Bücher und Zeitschriften ausgestattet und heute sehr schwer zu finden ist. *The World of Interiors.* Fotografie: James Mortimer.

Die Rahmenkonstruktion

Der größte Teil der Lloyd-Loom-Möbel aus den Jahren vor 1940 basierte auf vorgefertigten Bugholzgerüsten. Gegen Ende des 19. Jahrhunderts hatte der Österreicher Michael Thonet Bugholzmöbel entwickelt und perfektioniert. Sein Wiener Stuhl, meist aus Buchenholz, war und ist in seiner Schlichtheit ein Meisterstück. Die Holzteile waren sorgfältig geformt, gebeizt und poliert, um mit einem Minimum an Material einen maximalen Effekt hinsichtlich der Form und der Wirkung zu erzielen. Seine fast skelettartigen Kaffeehausstühle waren äußerst erfolgreich: Um 1900 hatten fast 40 Millionen Stühle, die von verschiedenen Herstellern in Lizenz gefertigt wurden, weltweiten Absatz gefunden. Sie waren zu der Zeit, als Lloyd versuchte, das Problem der Korbflechterei in den Griff zu bekommen, auch in Amerika und England sehr beliebt.

Vielleicht wurde Lloyd durch einen Thonet-Stuhl inspiriert. Die Idee zur Trennung von Geflecht und Rahmen kam ihm möglicherweise, als er seinen Mantel über einen solchen Stuhl legte. Diese etwas kuriose Theorie kann faktisch nicht belegt und daher auch nicht ernst genommen werden, erklärt jedoch recht anschaulich Lloyds Produktionstechnik. Der echte frühe ›Lloyd Loom Chair‹ ist in der Tat ein mit Lloyds ›Fibre‹-Geflecht bekleideter Bugholzstuhl, wobei das Holzgestell unter dem Fibre fast völlig verborgen ist. Auf den folgenden Seiten wird die Herstellung dieses vielleicht bekanntesten Lloyd-Loom-Artikels beschrieben. Im Hinblick auf die Fertigung war dieser Sessel sicher eines der schwierigsten Stücke.

In den späten 20er Jahren war der Rahmen in einigen Fällen komplexer geworden; nicht alle Stücke weisen Bugholzgestelle auf, doch waren diese die ursprüngliche Trägerkonstruktion und legten die Norm fest, von der andere Varianten abgeleitet wurden.

Die Bugholzherstellung war recht unkompliziert. Das Hartholz wurde in der Sägemühle von Maschinen entrindet, geglättet und in vorgegebene Stücke geschnitten. Diese wurden in Retortenöfen eine halbe Stunde unter Druck mit Wasserdampf behandelt, um das Holz biegsam zu machen, und anschließend in Stahlrahmen gespannt, wo sie zurechtgebogen und in der jeweiligen Form gehalten wurden. Für die einzelnen Gestellteile gab es eine Vielzahl von Formen, die von leicht gebogenen Möbelfüßen bis zu vollständig gebogenen Rundformen reichten; zur Fixierung wurden sie in riesigen Öfen sorgfältig getrocknet. Die

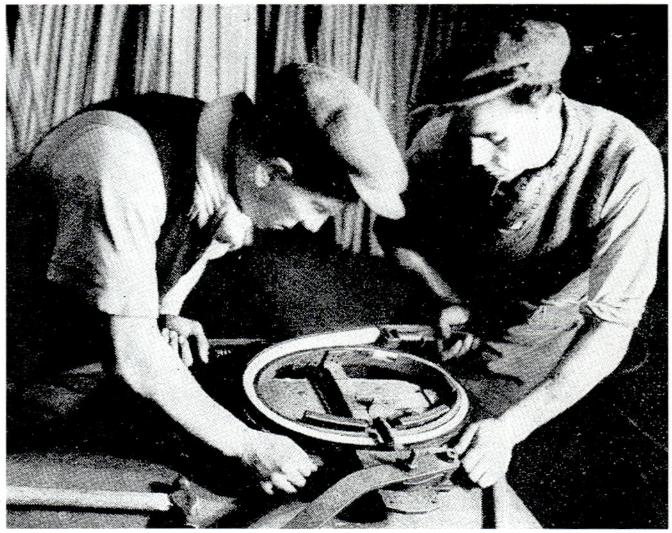

Durch Dampf biegsam gemachtes Bugholz wird in einen Metallrahmen gespannt. In diesem Fall erhielt man nach dem gründlichen Trocknen eine runde Form, etwa für einen runden Fußschemel oder den Sitzrahmen eines Eßzimmerstuhls. Lusty-Werke, London, um 1930.

△ Gestell eines Lusty-›Delux‹-Armsessels Modell Nr. 60, der von 1924 bis 1940 in verschiedenen Größen hergestellt wurde. Die Sprungfedern bilden die Unterlage für die doppelte Polsterfederung. Sie sind bei geflochtenen Sitzflächen nicht zu finden.

fertigen, gebogenen Holzteile wurden auf ihre Festigkeit getestet und defekte Stücke aussortiert. Danach wurden die einzelnen Teile für die Gestellbauer aufgestapelt. Tausende von Bugholzstücken in verschiedenen Formen, Längen und Größen müssen auf diese Weise gelagert worden sein, denn ein typischer Lloyd-Loom-Sessel benötigte über ein Dutzend verschiedener Holzteile und jeder Entwurf erforderte einen speziellen Satz. Die Produktion einer in Größe oder Form auch nur leicht vom existierenden Design abweichenden Variante machte bereits einen eigenen Satz hölzerner Einzelteile nötig. Nur wenige Teile waren für verschiedene Modelle zu verwenden – und in den 30er Jahren wurden bei Lusty in London über 100 verschiedene Sessel hergestellt! Lloyd führte 1930 für einige Möbelstücke neue Füße aus Stahlrohr ein. Diese besaßen spiralförmige Kerben, die das ursprüngliche, mit ›Fibre‹ umwundene Bugholz imitierten; die Unterscheidung beider Arten ist schwierig, kratzt man nicht die lackierte Oberfläche an oder klopft mit einer Münze dagegen. Die Metallfüße waren die Vorläufer der beginnenden Umstellung der Lloyd-Werke auf die Produktion von Stahlrohrmöbeln. Sie wurden anfänglich als ›eine der wichtigsten Neuerungen bei der Herstellung von Flechtmöbeln seit der Einführung des berühmten Lloyd-Loom-Webstuhls‹ angepriesen, aber nicht für alle Entwürfe verwendet und fünf Jahre

▷ Lusty-Armsessel Modell Nr. 60, um 1928. Einer der ›Delux‹-Sessel Lustys, die heute häufiger zu finden sind. Privatsammlung.

später wieder durch Bugholzfüße ersetzt. Auch wurden sie, im Gegensatz zu den meisten Innovationen bei Lloyd, von Lusty nicht übernommen. Abweichungen von den Bugholzgestellen werden im folgenden Kapitel im Zusammenhang mit Einzelentwürfen ausführlich behandelt, da sie für die Möbel zwischen 1920 und 1940 im allgemeinen nicht typisch sind.

Nach der Formgebung wurde der Bugholzrahmen mit Bolzen befestigt, verschraubt und verleimt sowie zusätzlich mit Metallstreben und einer Umwicklung aus ›Fibre‹ verstärkt. Einige dieser Details können dazu dienen, die Herkunft eines Stückes festzulegen und es zu datieren. Bei den sehr frühen Möbeln wurden oft gerade Metallstreben benutzt, um die Verbindungsstelle zwischen dem flachen, quadratischen Rahmen der Sitzfläche und den runden Fußhölzern zu verstärken. Sie wurden an der Sitzfläche mit zwei Schrauben befestigt und liefen am anderen Ende in einer Spitze aus, die in die Füße hineinreichte. Im weiteren Verlauf der 20er Jahre wurden sie durch konventionellere, L-förmige Metallteile ersetzt, die an Sitzflächenrahmen und Füßen verschraubt wurden. Die frühe, zugespitzte Version ist bei einigen Lusty-Modellen aus den 30er Jahren (nach 1931 aber nur vereinzelt) zu finden.

Größere, V-förmige Klammern wurden verwendet, um bei hochwertigen englischen Sesseln die Hinterfüße und bei fast allen amerikanischen Sesseln Hinter- und Vorderfüße zu verstreben. Diese Klammern waren nicht gerade schön und wurden bei Lusty hinter geflochtenen ›Fibre‹-Blenden versteckt. Bei einigen amerikanischen Lloyd-Modellen aus den späten Zwanzigern und fast allen aus der Zeit nach 1932 sind sie gut sichtbar, auch ohne den Sessel umzudrehen. Dies ist vielleicht der einfachste Weg, um die amerikanischen Sitzmöbel von den englischen zu unterscheiden. Bei englischen Entwürfen, wo Klammern eventuell zu erkennen gewesen wären, wurden zur Verstrebung der Beine Bugholzstücke in Form eines umgedrehten ›U‹ verwendet – sicher die attraktivere Alternative.

1933 führte Lloyd einen flachen Metallstreifen ein, um das Geflecht am Boden der Sitzfläche zu befestigen. Anfangs wurde dieser nur selten benutzt, doch war er nach 1935 bei fast allen amerikanischen Modellen zu finden. Bei Lusty wurde der Rand des Geflechts weiterhin an der Unterseite festgenagelt.

Die Komplexität der Rahmenstruktur unterschied sich natürlich je nach Design und Möbeltyp. Die Auswahl reichte von sehr komplexen Gestellen bei Sesseln und Sofas bis hin zu ganz einfachen Rahmen bei Wäscheboxen und Papierkörben, die kaum Gestellteile enthielten. Die dem mit Metalldrähten verstärkten Geflecht eigene Festigkeit gab solchen Stücken den nötigen Halt. Bei der Mehrzahl der Produkte muß das Geflecht in Wirklichkeit als Teil des Rahmens und nicht einfach als aufgesetzte Verkleidung angesehen werden. Nach der Montage hielt es das Bugholzgestell zusammen und sorgte teilweise erst für die richtige Stabilität.

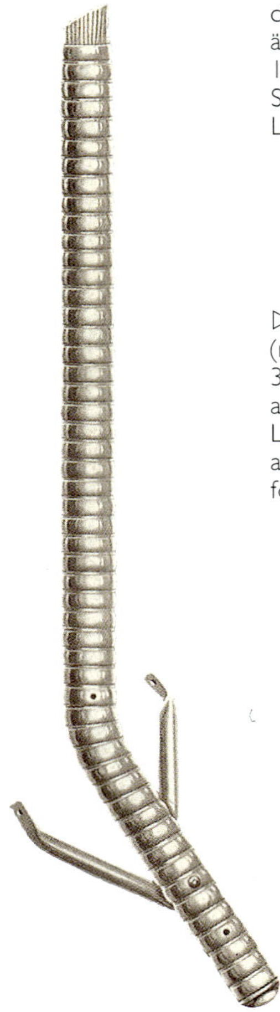

◁ Lloyds schmales Möbelbein aus Metall, das mit ›Fibre‹ umwickeltem Bugholz stark ähnelt und für die meisten der zwischen 1930 und 1935 hergestellten Sessel und Sofas verwendet wurde. Es wurde bei Lusty nicht verwendet.

▷ Die Konstruktionsmethode (nach der die meisten Sessel der 30er Jahre gefertigt wurden) wird anhand der Abbildung eines 1937er Lloyd-Armsessels dargestellt, die aus einem Katalog stammt und wie folgt beschriftet ist:

1. Metallverstärkte Längsstränge säumen die Oberkante und werden am Rahmen festgenagelt.
2. Die Metallfäden in jedem ›Fibre‹-Längsstrang verhindern, daß das Geflecht durchhängt, sich verzieht, bricht oder die Form verliert. (Der Ausschnitt zeigt die Struktur der Metallfäden).
3. Ein doppelter Rahmen aus Ulmenholz verleiht dem Untergestell die nötige Stabilität.
4. Die Metallkante an der Unterseite des Möbelkörpers ist mit Metallstreben verstärkt, um der Rahmenkonstruktion einen doppelten Halt und größere Stabilität zu verleihen.
5. Bei Lloyd hergestellte, gehärtete Sprungfedern mit neun Spiralwindungen in kettenförmiger Anordnung sorgen für einen bequemen, ausgeglichenen Sitz und ein langes Leben der Polsterung. Eine im Ofen gebrannte Emaillierung schützt sie vor Rost.
6. Eine Ulmenholzplatte hinter der vorderen Blende erhöht die Stabilität der Konstruktion.
7. Fest verankerte Schrauben (keine Dübel oder Nägel) steigern Stabilität und Haltbarkeit der Sessel.
8. Die exklusiv von Lloyd eingeführte Metallkante an der Geflechtunterkante verhindert das Ausfransen oder Verziehen des Materials und erhöht seine Haltbarkeit.

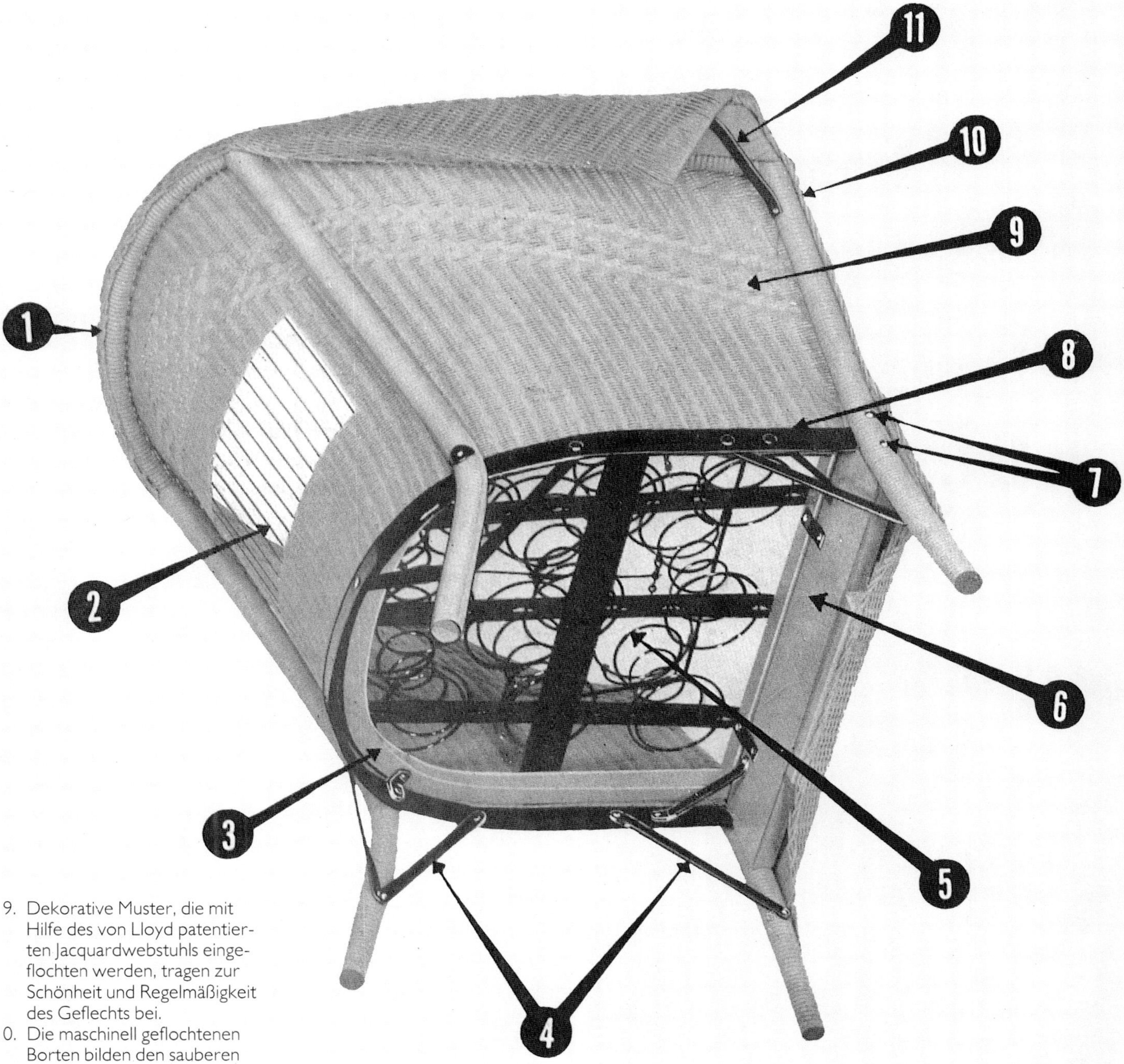

9. Dekorative Muster, die mit Hilfe des von Lloyd patentierten Jacquardwebstuhls eingeflochten werden, tragen zur Schönheit und Regelmäßigkeit des Geflechts bei.
10. Die maschinell geflochtenen Borten bilden den sauberen Abschluß der Kanten und runden das Aussehen der Sessel ab.
11. Stahlstreben an den Armlehnen geben dem Rahmen zusätzliche Stabilität.

Die Herstellung des ›Fibre‹-Geflechts

Lloyds 1917 für die großen, korbförmigen Kinderwagenaufsätze und -verdecke konstruierter Originalwebstuhl war rund. Die geflochtenen Grundkörper wiesen daher keine Seitennähte auf. Der Webstuhl produzierte vollständige Grundkörper, die um Webgestelle herumgeflochten wurden und je nach den Anforderungen spezieller Designs verändert werden konnten. Dieses Geflecht wurde anschließend über den getrennt gefertigten Rahmen, der ihm den nötigen Halt gab, gestreift und daran befestigt. Da die meisten Möbel keine korbförmige Gestalt besaßen, wurde 1920 ein neuer Webstuhl konstruiert, mit dem längere Bahnen des biegsamen Geflechts hergestellt werden konnten, die dann zugeschnitten und in Einzelstücken am fertigen Gestell befestigt wurden. Das Befestigen der Geflechtbahnen war eine anstrengende und anspruchsvolle Arbeit, doch wurde das ›Fibre‹-Geflecht im Falle des runden Webstuhls maschinell ungefähr sechzigmal schneller hergestellt als von Hand. Der neue, flache Webstuhl arbeitete sogar zweihundertmal schneller. Auf diese Weise wurde der arbeitsintensive Flechtprozeß mechanisiert und die Produktionsgeschwindigkeit wesentlich erhöht. Wäscheboxen und Papierkörbe waren die einzigen Stücke, die auf Lloyds originalem, rundem Webstuhl gefertigt werden konnten und haben daher – mit Ausnahme einiger sehr früher Modelle und Prototypen – seitlich weder Fugen noch Nähte.

Die Herstellung des ›Fibre‹ variierte leicht, basierte jedoch grundsätzlich auf demselben Prinzip. Große Rollen von eigens hergestelltem Packpapier in Spezialqualität wurden zunächst in eine Schneidemaschine gespannt, wo die mächtigen Rollen in etwa 2,5 cm breite Streifen geschnitten wurden. Diese wurden auf der ›Fibre‹-Maschine mit Leim bestrichen und zu einem festen Strick versponnen. Das gedrehte Papier lief anschließend über eine große, erhitzte Drehtrommel, um den Leim zu fixieren. Die Elastizität und Haltbarkeit des Stricks wurde überprüft, bevor er um die großen Spulen gewickelt wurde, die den Webstuhl fütterten. Die mit Metalldrähten verstärkten Stränge, die dem Geflecht zusätzliche Festigkeit verliehen, wurden mit

Oben links: Lloyds originaler, runder Webstuhl, um 1917.

◁ Geschnittene Packpapierrollen (oben) werden zu einem ›Fibre‹-Strick gezwirnt (auf den Spulen im unteren Teil des Fotos). Lusty-Werke, London, um 1930.

▷ Webstuhl in Lloyds Fabrik in Menominee, um 1936. Der Arbeiter kontrolliert die fertige Flechtbahn.

einer anderen Maschine hergestellt, die den Draht von Spulen abzog und geraderichtete, während das Papier mit Leim bestrichen und um ihn herum gezwirnt wurde. Der Draht wurde automatisch in etwas längere Stücke als die auf dem Webstuhl gefertigten Flechtbahnen geschnitten. Nach dem Trocknen wurden die metallverstärkten Stränge in ein Magazin geschichtet, das den Webstuhl von der Seite her fütterte.

Die flache Gewebebahn hatte ungefähr die Größe eines Konzertflügels. Die Papierstricke wurden dem Webstuhl über einzelne Spulen in mehreren Querreihen zugeführt – wie ein riesiges, vibrierendes Spinnennetz. Dort liefen sie zusammen und wurden durch Löcher über Führungsschienen in die Maschine geleitet. Diese hob und senkte sich über den metallverstärkten Strängen, die in rascher Folge zugeführt wurden. Der ›Fibre‹-Strick, nun zu einer festen Bahn geflochen, wurde von der Maschinen weg zu einer Drehtrommel geleitet, welche die Bahn zum Lagern wie einen Teppich aufrollte. Die riesigen Rollen mit fertigem Geflecht konnten nun in passende Formen für die jeweiligen Möbel zugeschnitten werden.

Alle Lloyd-Loom-Produkte aus den 20er Jahren wiesen einen 2,5 cm breiten Abstand zwischen den Metallsträngen auf, die gewöhnlich vertikal zum Möbelstück verliefen. Ab 1931 wurde feineres Geflecht mit 2 cm Abstand hergestellt. Lusty verwendete die breitere Variante ab 1933 nicht mehr, doch die Lloyd-Werke, die vermutlich im Zuge der Perfektionierung der Flechtmethode in erster Linie für die Veränderung verantwortlich waren, verwendeten bis 1936 auch die breitere Version bei einigen Modellen. Es gab um 1931 sogar Stücke mit beiden Varianten, doch nur an Stellen, wo der Unterschied nicht auffiel. Für Sessel, deren lineares Muster hätte beeinträchtigt werden können, wurden nie beide zusammen benutzt.

Jacquard-Verzierungen

Frühe Loom-Möbel hatten keine eingeflochtenen Muster, doch 1925 begannen diamantförmige und andere Motive an den Rückenlehnen von Sesseln und Sofas aufzutauchen. Sie wurden automatisch in die Flechtbahnen eingewoben, und zwar mit Hilfe eines Jacquardsystems, das am Webstuhl angebracht wurde. Es funktionierte ähnlich wie die Walze eines Pianola, nur daß es statt einer Melodie ein vorher entworfenes Muster

erzeugte, indem es die Flechtsequenz kontrollierte und veränderte. Diese Analogie ist durchaus zulässig, da die Arbeiter an den Webstühlen so an deren Klang gewöhnt waren, daß sie mit geschlossenen Augen feststellen konnten, ob diese richtig funktionierten.

Nach 1926 waren die meisten Lloyd-Sitzmöbel mit kleinen eingeflochtenen Mustern verziert. Diese Motive wurden von Lusty bei einigen Modellen auf Wunsch als Extras angeboten und gehörten bei ganz wenigen zur Standardausführung, doch viel seltener als in Amerika. Das Jacquardsystem wurde 1931 erweitert und erfaßte nun die komplette Breite des Materials, so daß vollständige Seiten- und Rückenlehnen sowie die vordere Verblendung mit diesem Flechtmuster verziert werden konnten. Nach 1931 waren fast alle Lloyd-Entwürfe mit großzügigen Jacquardmustern versehen. Lusty probierte diese Verzierung 1931 an einigen Stücken aus, entschied sich aber gegen eine umfassende Verwendung. 1935 änderte der Betrieb seine Ansicht und brachte eine Kollektion auf den Markt, die auf beliebten Entwürfen beruhte und großzügig mit Jacquardmustern verziert war.

Riesige Rollen mit ›Fibre‹-Geflecht, frisch aus dem Webstuhl, warten darauf, in den Schneideraum gebracht zu werden. Lusty-Werke, London, um 1930.

Geflochtene Borten

Die charakteristischen ›Fibre‹-Borten im Zopfmuster dienten zur Verkleidung der Kanten des Loom-Geflechts. Sie wurden ebenfalls mechanisch hergestellt, und zwar in verschiedenen Breiten, je nach dem Möbeltyp , für den sie bestimmt waren. Bei den frühen Modellen um 1922 wurden breitere Borten mit einem Metalldraht verwendet, doch sind diese äußerst selten. Lusty führte in den späten Zwanzigern kleine Messingkappen ein, die als Abschluß der Borten verwendet wurden. Gewöhnlich findet man diese Kappen an den vorderen Beinen von Sesseln und Sofas. Ein anderer Typ wurde auch an Stellen verwendet, wo die Kanten der Borte aneinanderstießen, etwa am Rand von Tischplatten oder am Deckel von Wäscheboxen. Bei sämtlichen Lusty-Modellen aus der Zeit nach 1928 wurden diese Messingkappen benutzt. Vereinzelt tauchen sie auch bei Entwürfen aus Menominee auf, wurden aber bei der Mehrzahl der amerikanischen Modelle nicht benutzt.

Das Geflecht wurde mit Hilfe von Schablonen zugeschnitten; die Kanten der Füllstränge (die keine Metalldrähte enthielten) wurden mit Metallbändern eingefaßt, um ihr Ausfransen zu verhindern und ihre Befestigung am Rahmen zu erleichtern. Ein kleiner Abschnitt dieser Metallkante ist auf der Abbildung des ›Fibre‹-Geflechts (siehe Seite 8) zu sehen. Die einzelnen Stücke wurden in Übereinstimmung mit dem Tages- oder Wochenplan für die Produktion bestimmter Modelle zugeschnitten und an den Kanten bearbeitet. Die zugeschnittenen Stücke variierten ebenso wie die Gestellteile je nach Modell in Form und Größe. Die Metallkante, die jeweils die Seiten der Sitzfläche bildete, mußte also exakt auf Form und Größe des Sitzes zugeschnitten werden.

Die Enden der zugeschnittenen Geflechtabschnitte werden mit Metallstreifen versehen. Lloyd-Werke, Menominee, um 1936.

◁ Lusty-Modell Nr. 7021 mit eingeflochtenem Webmuster, um 1935; eines der vielen ›Popular‹-Modelle, die zwischen 1935 und 1940 mit großzügigen Jacquardverzierungen produziert wurden. Das Muster wird hier durch eine von Hand mit einem feinen Pinsel aufgetragene Kontrastfarbe hervorgehoben.

Die Montage der Möbel

Die vorbereiteten Geflechtstücke und der Bugholzrahmen, deren Herstellung getrennt und in völlig verschiedenen Abteilungen erfolgt war, mußten nun zusammengefügt werden. Neben den Ingenieuren waren die Sesselbauer die höchstbezahltesten und am meisten geachteten Fabrikangestellten – und dies zu Recht: Das von ihnen verarbeitete Material war zwar biegsam, aber dennoch störrisch, und die Anpassung an den komplexen Rahmen war schwierig und erforderte viel Geschicklichkeit. Das Material war der Blickfang des fertigen Produkts, so daß Fehler und schlechte Verarbeitung allzu leicht sichtbar wurden und nicht unter der Lackierung versteckt werden konnten. Vor dem endgültigen Zusammenbau der Möbel mußte der Rahmen mit ›Fibre‹ umwunden werden, da er meist nur teilweise mit Gewebe bedeckt war. Bei allen Loom-Möbeln aus den 20er Jahren war das Gestell umwickelt. Dies verschönerte nicht nur die Bugholzteile, sondern verlieh dem Rahmen auch einen besseren Halt.

Sämtliche amerikanischen Stücke zwischen 1920 und 1940 haben dieses verzierte Gestell. Entweder war das Holz wirklich mit ›Fibre‹ umwickelt, oder das Muster wurde mit Maschinen eingekerbt, um einen ähnlichen Effekt zu erzielen (besonders bei Kindersesseln). 1932 brachte Lusty eine ›Popular‹-Möbelkollektion heraus, bei der diese Methode nicht mehr angewandt wurde – erstmals war das Bugholz glatt und teilweise unbedeckt zu sehen. Die ›Popular‹-Kollektion war ein Versuch, den Absatz durch ein Angebot an preiswerteren Produkten zu erhöhen. Nach 1932 wurden Möbel mit umwickeltem Gestell als ›Delux‹-Modelle bezeichnet. Die Lloyd-Werke stellten ebenfalls preiswertere Entwürfe her. Die meisten ihrer Sitzmöbel aus den 20er Jahren hatten seitliche Verkleidungen, doch nach 1931 waren diese kaum mehr zu finden. Sie waren aus der Mode, daher wurden auch die Metallklammern zur Verstrebung der Füße sichtbar. Lusty ließ bei den meisten ›Popular‹-Modellen ebenfalls die Blenden weg, behielt sie aber als Standardmerkmal der ›Delux‹-Kollektion bei.

Das Verschwinden der Seitenverkleidung bei Lustys ›Popu-

Links oben: Der Bugholzrahmen wird mit geflochtenem ›Fibre‹ umkleidet. Fotografie mit freundlicher Genehmigung von Mr. George Barber, London.

◁ Die Borte wird festgenagelt. Lloyd-Werke, Menominee, um 1928.

▷ Lustys ›Popular‹-Modell Nr. 7031 (1933–38) mit eingelassener Polsterung. Der Sessel ist mit einem seltenen Schablonenmuster bemalt. Privatsammlung.

lar‹-Kollektion und fast allen amerikanischen Modellen aus den 30er Jahren sparte Arbeitskräfte ein und senkte so die Produktionskosten; die Materialeinsparung war vergleichsweise gering. Sitzmöbel ohne Verblendungen waren einfacher herzustellen, da die Materialkante nur bis zur Rahmenkante reichte, an der sie leicht festgenagelt werden konnte; dies verringerte ganz erheblich den Zeitaufwand bei der Umkleidung des Rahmens, dem schwierigsten Teil des gesamten Herstellungsprozesses.

Das Material wurde zuerst an der Sitzfläche befestigt (sofern diese nicht gepolstert war). Es war vorgeschnitten und paßte in der Breite, die durch die Metallkanten an den Seiten der Füllstränge definiert war, exakt auf den jeweiligen Entwurf. An der Vorderkante des Sitzes waren die metallverstärkten Längsstränge seitlich umgeflochten; die andere Kante, die an der Rückseite des Stuhls verborgen sein würde, war nur grob zugeschnitten und stand über. Die Sesselbauer waren gewöhnlich auf Sitze oder Seiten- bzw. Rückenlehnen spezialisiert; am kompletten Zusammenbau eines Stuhl- oder Sofakörpers waren immer mehrere beteiligt. Die Arbeiter hatten ihren festen Platz und wurden entsprechend ihrer Produktionsrate entlohnt; es lag also in ihrem Interesse, in einer bestimmten Tätigkeit hochspezialisiert und schnell zu werden.

Die Sitzfläche wurde mit der umgeflochtenen Vorderkante am Rahmen festgenagelt und im rechten Winkel straff über Vorder- und Hinterkante des Rahmens gezogen. An der Unterseite der rückwärtigen Rahmenkante wurden einige der metallverstärkten Längsstränge festgenagelt. Hatte sich der Arbeiter vergewissert, daß das Material straff und formgerecht saß, wurden die seitlichen Metallkanten und die hintere Kante auf den Rahmen genagelt. Überstehendes ›Fibre‹ wurde sauber abgeschnitten. Dreht man einen Sessel um, kann man sehen, wie die Metallenden der Längsstränge in einer Reihe auf der rückwärtigen Unterseite festgenagelt wurden. Dies ist das Kennzeichen eines echten, frühen Lloyd Loom. Bei den meisten Modellen aus dem Jahr 1930 waren die Metallenden mit einer geflochtenen Borte bedeckt, um zu verhindern, daß man sich beim Anheben des Sessels von unten in den Finger stach.

Nicht alle Loom-Sitzmöbel hatten Sitzflächen aus ›Fibre‹. Die Mehrzahl der Entwürfe war vielmehr mit gepolsterten Sitzkissen ausgestattet. Die frühen wie auch die teuersten Designs verwendeten Polster mit Sprungfedern im Innern, die auf einem am Rahmen befestigten Netzwerk aus Sprungfedern auflagen. In den 20er Jahren wurde diese doppelte Federung durch Polster im ›Automobilstil‹ ersetzt (sie waren nämlich wie ein Autositz konstruiert). Alle Lloyd-Sitzmöbel aus den Dreißigern (mit Ausnahme der Kindersessel) verwendeten dieses System. Die Polsterung wurde über ein Stahlgestell gezogen, das die Sprungfedern enthielt und in den Rahmen der Sitzfläche eingelegt war – wurde es entfernt, entstand eine Loch. Lusty benutzte bis 1940 beide Systeme.

In beiden Unternehmen wurden einige Modelle mit einer festen Polsterung an Rücken- und Armlehnen produziert, doch sind diese nur ganz selten zu finden.

△ Sprungfedern werden zum Härten in den Ofen geschoben. Alle Lloyd-Loom-Sprungfedern wurden emailliert, um sie gegen Rost zu schützen.

▽ Lloyd-Loom-Polster mit Federkern, das auf einer Unterlage mit Sprungfedern ruhte, so daß der Sessel doppelt gefedert war.

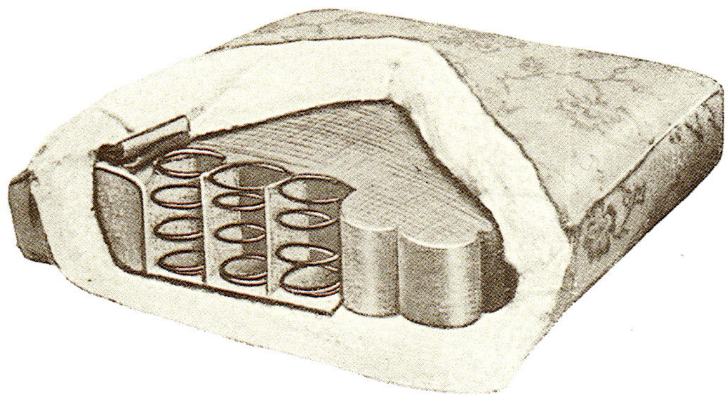

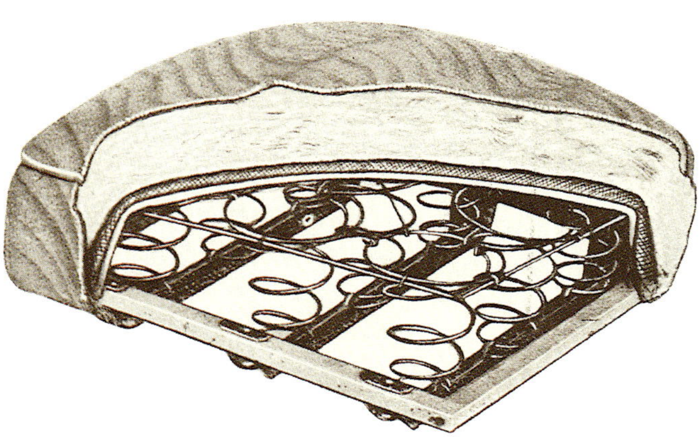

Die Abbildung zeigt den Aufbau einer eingelassenen Polsterung, die in den 30er Jahren für die meisten Polstersitze verwendet wurde.

Der ›Fibre‹-Körper wurde nach der gleichen Methode wie die Sitzfläche befestigt, nämlich zunächst an der Unterkante (mit den vorher umgeflochtenen Längssträngen). Dann wurde das Gewebe über die Innenseite der oberen Rahmenleiste gezogen. Der Arbeiter kniete auf dem Sitz und schrägte das lose Ende des Gewebes ab, um die Formgebung zu erleichtern. Wichtig war, daß die metallverstärkten Längsstränge parallel und in fortlaufender Linie mit denen der Sitzfläche ausgerichtet waren und an den Armlehnen lose und möglichst gleichmäßig herabhingen, da je nach Design eine Straffung des Materials erforderlich sein konnte. War der Handwerker mit der Ausrichtung des Geflechts zufrieden, wurde dieses festgenagelt und überstehendes Material sauber abgeschnitten. Danach wurde die Zierborte angebracht, welche die Schnittfläche und die befestigten Kanten sowie die scharfen Enden der Längsstränge verdecken sollte.

Nach der Montage wurde das Stück in eine schwache Leimlösung getaucht. Diese versteifte und verstärkte beim Trocknen Material und Struktur und diente gleichzeitig als Untergrund für die Lackierung. Bei Stücken mit Bugholzgestell mußte noch ein letztes Detail beachtet werden (bei Lusty geschah dies erst nach dem Lackieren). Alle Füße wurden durch eine Maschine ausgeglichen, damit sie einen gleichmäßigen Stand hatten. Anschließend wurden bei einigen Lloyd-Modellen und allen Lusty-Produkten starke, solide Ringbeschläge aus Messing mit viel Geduld und Sorgfalt über die Fußenden gezogen.

Diese Metallkappen sind in Lustys Fall besonders interessant, da sie eine weitere Möglichkeit darstellen, Möbel aus den Jahren 1920 bis 1940 von solchen aus der Nachkriegsproduktion zu unterscheiden. Fast alle Lusty-Produkte zwischen 1920 und 1940 waren mit Fußkappen aus Messing versehen. Auf Wunsch wurden auch mit Gummi überzogene Verkleidungen angeboten, doch sind sie äußerst selten. Bei Lustys Nachkriegsmodellen gehörten Messingverkleidungen nicht zur Standardausführung. Messing war nach dem Krieg knapp, stattdessen wurden gewölbte Metallkappen verwendet, die auf die Unterseite der Bugholzfüße gehämmert wurden. Ende der 50er Jahre wurden die Fußkappen aus Messing wieder eingeführt, doch nur auf Wunsch und gegen Aufpreis (ebenso die gummibezogenen); sie sind daher bei Nachkriegsmodellen sehr selten.

Bei frühen Lusty-Sesseln wurden die Messingverkleidungen einfach aufgestanzt oder aufgenagelt. In der zweiten Hälfte der 20er Jahre wurden sie mit Klammern am Holz befestigt, so daß eine ringförmige Einkerbung an ihrer Peripherie entstand. Beinahe alle Modelle aus dem Jahr 1930 haben diese, durch die entsprechende Maschine verursachte gezackte Einkerbung. Auch bei Lloyd-Produkten findet man solche Ringbeschläge; sie wurden aber nicht durchgehend verwendet und sind kein sicherer Hinweis für die Datierung amerikanischer Möbel.

△ Ein Sessel wird in eine schwache Leimlösung getaucht, die ihm Halt verleiht und den Untergrund für die Bemalung bildet. Lloyd-Werke, Menominee, um 1927.

▽ Ringförmiger Messingbeschlag als Abschluß eines Bugholzfußes aus den späten 20er Jahren.

Seltener Lusty-Kuchenständer aus den 30er Jahren in der Wohnung von David und Kim Breese; als begeisterte Lloyd-Loom-Anhänger gründeten sie die ›Lloyd Loom Furniture Ltd.‹, um klassische englische Lloyd-Loom-Designs neu aufzulegen (als Beispiel ist ein Eßzimmerstuhl zu sehen). Das Unternehmen entwarf auch neue Designs im Art-déco-Stil (Sofa, Couch- und Eßtisch). Ganz in der Tradition klassischer englischer Lloyd-Loom-Möbel wie auch amerikanischer Lloyd/Flanders-Produkte wurden sie für die Ausstattung von Ozeandampfern, Clubs und Restaurants verwendet.

Der letzte Schliff

Lloyd-Loom-Möbel wurden im allgemeinen auf Bestellung gefertigt; innerhalb von sieben Tagen wurden sie den Kundenwünschen entsprechend nachbearbeitet und ausgeliefert. Um für die Aufträge gerüstet zu sein, wurden unlackierte Möbel gelagert und die Mengen sorgfältig überwacht, um auch für die Nachfrage in Spitzenzeiten vorbereitet zu sein. Diese Methode wurde der Belegschaft in Menominee in einer Novemberausgabe der *Lloyd Shop News* erläutert: ›Das Unternehmen nutzt jetzt die meisten leerstehenden Gebäude der Stadt als Lagerräume. Man muß bedenken, daß Tausende von Händlern die Ware erst bestellen, wenn sie gebraucht wird. Sie wollen nicht bis zum Frühjahr lagern und haben meist auch gar nicht die Räume. Dann jedoch gehen Tausende von Aufträgen ein, und unser Unternehmen kann nicht Schritt halten. Dies bedeutet, daß viele Waggonladungen während des Winters produziert werden müssen, um der Frühjahrsnachfrage begegnen zu können.‹ Eine sehr hohe Frühjahrsnachfrage war vor allem bei Kinderwagen zu erwarten, doch auch der Möbelabsatz wies jahreszeitliche Schwankungen auf. Der Artikel wurde 1921 verfaßt, noch bevor Lloyds Ausbau der Menominee-Werke abgeschlossen war. Nach 1925 gab es genügend Lagerfläche innerhalb der Fabrik.

Die Lusty-Werke waren nicht groß genug, um Platz für die Lagerung zu bieten; die Produkte wurden in großen Lagerhallen auf den Docks in etwa einem Kilometer Entfernung aufbewahrt. Für den Transport zwischen Fabrik und Lagerhalle wurden spezielle Sattelschlepper mit Anhängern verwendet, die 40 000 bis 60 000 Stücke faßten. Lusty verkaufte direkt ab Lager, so daß die Aufträge schnell erfüllt werden konnten. Wichtig war auch, daß die Stücke in Partien jeweils gleicher Designs hergestellt wurden. Das Vorratslager war insofern nötig, als die Aufträge vom Produktionsplan abweichen konnten. So gingen voll beladene Sattelschlepper in beide Richtungen: sie füllten das Lager auf und brachten bestellte Ware zur Nachbearbeitung ins Werk zurück.

Lloyd produzierte genau wie Lusty Hunderte unterschiedlicher Lloyd-Loom-Artikel, doch gab es zwischen beiden Unternehmen einen grundlegenden Unterschied. Die Lloyd-Werke in Menominee brachten häufig neue Designs heraus, welche die bestehenden ersetzten. Die Lusty-Werke entwickelten zwar auch ständig neue Designs, produzierten aber daneben die Mehrzahl ihrer alten Modelle und Entwürfe weiter. So umfaßte die Lloyd-Loom-Produktpalette aus Menominee nie mehr als 100 Artikel (in den 30er Jahren sogar wesentlich weniger), während der Lusty-Katalog etwa 400 Entwürfe oder variierte Designs enthielt, die alle noch hergestellt wurden. Man sollte

Handbemaltes eingewebtes Flechtmotiv Lloyds, um 1929. Eine Vielzahl solcher Designs wurde vor allem zur Verzierung der Sesselrücken verwendet; sie sind auch bei Lusty zu finden.

◁ Aufsprühen der Farbe in den Lusty-Werken, London, um 1935. Das Fließband (rechts) transportierte die frisch lackierten Stücke durch einen Trockenofen und danach direkt in die Verpackungs- und Versandabteilung. Das Foto zeigt verschiedenartige, nach Kundenwünschen fertiggestellte Stücke. Meist sind es Sessel und Wäscheboxen der ›Popular‹-Linie.

dabei allerdings bedenken, daß die Lloyd-Werke außerdem eine beträchtliche Anzahl Kinderwagen produzierten und auch andere Möbel in ihr Programm aufnahmen.

Der Umfang des Möbelangebots beider Unternehmen war beträchtlich, und es wäre für Lusty unmöglich gewesen, fertig lackierte Möbel auf Vorrat zu lagern, denn seine Farbpalette bot 3000 Auswahlmöglichkeiten. Der Betrieb hätte demnach über eine Million Stücke am Lager haben müssen, um jeden Entwurf auch nur einmal in jeder Farbe vorrätig zu haben. Die außergewöhnliche Farbenvielfalt erklärt sich durch die bei der Nachbearbeitung angewandten Techniken. Es gab 36 Standardfarben, unter denen der Kunde seine Wahl treffen konnte, doch war es möglich, jede dieser Farben mit einer der restlichen 35 abzutönen. Dies bedeutet, daß eine andere Farbe über die Grundfarbe gesprüht wurde, um die Kanten oder Konturen des Stückes hervorzuheben. Diese Methode war sehr beliebt und ist bei Loom-Produkten mit erhaltener Originallackierung sehr häufig zu finden.

Daneben wurden Tönungen mit Rauhreif- oder Nebeleffekt angeboten. Beide sind interessant, da sie heute von manchen Sammlern fälschlicherweise als unecht eingestuft werden. Der Rauhreifeffekt wurde erzielt, indem eine Grundfarbe mit einer Kontrastfarbe abgetönt und diese teilweise wieder abgerieben wurde, so daß sie nur in den Vertiefungen des Gewebes sichtbar war. Auch der Nebeleffekt bestand aus zwei Farben; hier wurde die Grundfarbe leicht mit einer anderen Farbe übersprüht. Beide waren sehr beliebt, einem Laien mag es jedoch scheinen, als sei die Originallackierung zu einem späteren Datum übersprüht worden (siehe Seite 149).

Lusty bot auch Doppel- und Nebelschattierungen an; letztere wirkten sehr leicht, da sie nur ganz dünn aufgetragen wurden. Ferner gab es ›Oxidiertes Silber‹ (Silber mit Schwarz) und ›Oxidiertes Kupfer‹ (Kupfer mit Schwarz). Zu den 36 Standardfarben konnte man in Lusty-Katalogen aus den 30er Jahren lesen: ›Sollte keine dieser Farben ihren Anforderungen entsprechen, können wir jede spezielle Tönung zu demselben Preis wie unseren Rauhreifeffekt anbieten.‹ Man kann Loom-Möbel also in den Originalfarben ebenso wie in zahlreichen anderen Farbnuancen finden. Dies ist aber noch nicht alles. Lusty bot auch eine unlackierte Version an, bei welcher der nackte Rahmen (bei ›Popular‹- und ›Delux‹-Modellen mit gedrechselten Holzteilen) gebeizt und poliert oder aber naturbelassen und lackiert war. Daneben wurden handgemalte oder aufgesprühte Details angeboten.

Borten und eingewebte Flechtmuster wurden auf Wunsch und gegen Aufpreis von Hand in Farben bemalt, die einen Kontrast zur Farbe des Grundkörpers bildeten und so die Konturen hervorhoben. Sie wurden mit einem feinen Malpinsel sehr sorgfältig herausgearbeitet – eine zeitaufwendige Arbeit, besonders bei den Borten. Loom-Möbel mit Originallackierung werden heute hoch bezahlt, vor allem, wenn sie handgemalte Details enthalten.

1934 bot Lusty eine Kollektion von Schablonenmustern an,

die auf jedes geeignete Loom-Modell appliziert werden konnten. Es waren fein stilisierte, ein- oder zweifarbige Verzierungen, meist in Form von Blumen, aufgehenden Sonnen oder Vögeln, daneben in verschiedenen Streifenmustern oder geometrischen Formen. Sie waren aber für den englischen Geschmack zu avantgardistisch und fanden keinen Absatz; 1936 wurden sie aus dem Angebot genommen und sind daher äußerst selten. Auch bei Kindermöbeln wurden 1934 solche Verzierungen als Sonderausführung angeboten, vor allem Hunde, Katzen, Enten und Eichhörnchen. Sie erfreuten sich offensichtlich größerer Beliebtheit und waren bis 1940 auf Wunsch verfügbar.

Das sogenannte ›Barbola‹ war die wohl phantasievollste Lusty-Dekoration: dreidimensionale Gebilde wurden von Hand aus einem tonähnlichen Material modelliert, direkt auf dem Geflecht angebracht und von Künstlern sorgfältig von Hand bemalt, ›um eine sehr feine Farbgebung zu ermöglichen, die mit Schablonen unmöglich herzustellen ist‹.

Im Lusty-Werk wurde um 1930 eine spezielle Kunstabteilung eingerichtet, die ›Barbola‹-Verzierungen auf Wäscheboxen, Papierkörben und Ofenschirmen anbrachte. Sie waren scheinbar sehr beliebt, da die Produktion bis zur Zerstörung der Fabrik aufrechterhalten wurde. Neben einem einzelnen Papagei und einer Mädchenfigur (1938/39) waren meist Blumenmotive oder Phantasieformen zu finden (alle wurden einzeln von Hand modelliert). Das ›Barbola‹ hat einen eigenen, doch sehr vergänglichen Reiz, denn das Material war so zerbrechlich und unpraktisch, daß man sich wundert, warum es bei Flechtprodukten verwendet wurde. Es riß oder brach leicht und fiel häufig vom Gewebe ab. Heute ist ›Barbola‹ sehr selten und kaum in unversehrtem Zustand zu finden. Eine günstigere Version, die gegossen und nicht von Hand modelliert war, wurde in ähnlichen Formen angeboten. ›Barbola‹ war eine ziemlich exzentrische englische Neuerung und wurde in Amerika nicht übernommen, ebensowenig die Schablonenmuster. Dagegen waren handgemalte Verzierungen von Borten und Flechtmustern bei Lloyd häufiger zu finden, ebenso zweifach abgestufte Schattierungen, um die großzügigen Flechtmuster der 30er Jahre zur Geltung zu bringen.

Lloyd bot auch Farbtönungen mit Nebeleffekt an, die jedoch

◁ Gegossene und am Geflecht befestigte, handbemalte ›Barbola‹-Verzierung Lustys. Am beliebtesten waren Blumenmotive.

▷ Lustys ›Popular‹-Modell Nr. 7064 (1933–1938). Eines der wenigen ›Popular‹-Designs mit seitlichen Blenden und einem seltenen Schablonenmuster in der Bemalung, um 1935. Sammlung des Vitra Design Museums, Weil am Rhein.

auf bestimmte Farben beschränkt waren. Die gesamte Farbpalette bei Lloyd war zwar exzellent, doch viel kleiner als bei Lusty; auch konnten die Kunden keine Farbwünsche angeben, die nicht Teil der Farbpalette waren.

Obgleich die große Auswahl an Farben für das Publikum sicher sehr attraktiv war und man Stücke aus der Lloyd-Loom-Blütezeit in bemerkenswert vielen verschiedenen Originalfarben findet, wurden am häufigsten die eher dezenten Farben nachgefragt. Die beliebtesten Farben – zumindest nach den heute noch vorhandenen Stücken in Originalfarben zu urteilen – waren offenbar Gold (in England) und verschiedene Brauntöne (in Amerika).

Der umfangreiche Prozeß des Aufsprühens der Farben kann anhand eines Auszugs aus den *Lloyd Shop News* vom Juli 1920 nachvollzogen werden: ›Praktisch die gesamte Lackierabteilung hat die Arbeit im dritten Stock des neuen Gebäudes aufgenommen ... Zehn Einheiten von Trockenöfen befinden sich längsseits der Sprüher. Jeder Ofen ist in drei Fächer gegliedert, die jeweils zwei Handwagenladungen lackierter Artikel aufnehmen können. Hat der Sprüher das dritte Fach gefüllt, kann das erste schon ausgeräumt und wieder gefüllt werden. Damit ist ein 24-Stunden-Rhythmus der Arbeit möglich.‹ Gegen Ende der 20er Jahre reichte dies jedoch für das benötigte Volumen nicht mehr aus und wurde durch eine neue Anlage ersetzt, bei der die Stücke auf einem Fließband den Öfen zugeführt wurden. An Haltepunkten waren die Sprüher eingerichtet und die nachbearbeiteten Stücke liefen auf dem Band direkt in die Versandabteilung.

Dort wurden sie sorgfältig eingewickelt, in Kartons verpackt, beschriftet und für den Versand aufgestapelt. In Menominee führte ein Eisenbahngleis direkt zur Verpackungsabteilung. Lusty verwendete für den Versand Möbelwagen, die mit ihrer gelben Farbe und dem groß aufgemalten ›Lusty's Lloyd Loom‹ auf den Straßen von ganz Großbritannien Aufmerksamkeit erregten.

▷ Lloyd/Flanders-Sofa mit Tisch aus der ›Classic‹-Linie von 1990. Diese Möbel sind sehr haltbar und könnten in Zukunft leicht mit alten Modellen verwechselt werden. Die neuesten Produkte aus Menominee sind mit Rahmen aus Aluminium ausgestattet: Flache Metallstreifen werden mit Lloyds Originalmaschinen zu makellosen Röhren geformt; sie rosten nicht und sind im Gegensatz zum Bugholz gegen Schädlinge unempfindlich. Durch neue Techniken konnte auch die Qualität des ›Fibre‹-Geflechts verbessert werden. Es scheint identisch mit dem früheren Material, ist aber mit Latex beschichtet und garantiert wasserfest.

◁ Das Fließband bringt fertige Produkte in die Packabteilung. Lusty-Werke, London, um 1935.

Die Blütezeit
1920 – 1940

Die Produktpalette dieser 20 Jahre umfaßte über 1000 verschiedene Entwürfe und mindestens 26 unterschiedliche Einrichtungsgegenstände vom Sofa bis zum Papierkorb. Viele von ihnen sind heute schwer zu finden und werden gewöhnlich kaum mit Lloyd Loom in Verbindung gebracht, so etwa Lampen, Hutständer, Schreibtische, Teewagen und sogar Blumenvasen. Der Großteil dieser Produkte wurde im bekannten, klassischen Lloyd-Loom-Stil mit ›Fibre‹-Geflecht auf einem Bugholzrahmen hergestellt, daneben gab es aber viele, die nicht nach den herkömmlichen Techniken gefertigt wurden. Die Lloyd-Loom-Methode hatte Erfolg, da sie zur Kreation verschiedenartiger Stile führte und damit einen breitgefächerten Markt befriedigte. Lloyd und Lusty hatten dies erkannt und schufen beide eine umfangreiche Produktpalette.

Bei amerikanischen und englischen Modellen gab es unterschiedliche Ausführungen von Füßen und Rahmen, die manchmal erheblich vom normalen Bugholzstil abwichen. Am schönsten waren neu entworfene Originalmodelle mit modernen Stahlrohrfüßen oder Zierholzrahmen; im ungünstigsten Fall

◁ Seltener Armstuhl, Modell Nr. 205 (um 1927–40), ein Stück aus der Lloyd-Loom-Kollektion, mit der die königliche Loge im Rugbystadion von Twickenham, Middlesex, von 1928 bis 1988 ausgestattet war.

▷ Die königliche Loge war für die Mitglieder des englischen Königshauses und ihre Gäste eingerichtet. Die zwanzig Lusty-Loom-Sessel für die hohen Gäste wurden sorgfältig aufbewahrt, wenn die königliche Loge nicht benutzt wurde. Lloyd/Flanders-Sammlung, Menominee, USA.

wurden bestehende Modelle unter geringer Beachtung der ursprünglichen Ästhetik einfach auf neu getrimmt. Obwohl Lloyd Loom eine große Vielfalt an Stilen und Formen bot, hatten längst nicht alle Designs Erfolg. Viele Modelle der Lloyd-Loom-Blütezeit waren von traditionellen Korbmöbelentwürfen des 19. Jahrhunderts abgeleitet oder zumindest beeinflußt. Andere dagegen waren zeitgenössisch oder für die damalige Zeit sogar avantgardistisch.

Design und Auswahl der Produktpalette

Man kann das Design der Lloyd-Loom-Produkte schwer einer Einzelperson zuordnen. Lloyd wie auch Lusty hatten für die Kreation neuer Modelle und die Veränderung oder Modernisierung bestehender Entwürfe einen Stab von Spezialisten, der sich aus Facharbeitern und Ingenieuren zusammensetzte, von denen keiner als Designer im eigentlichen Sinn bezeichnet werden konnte. Die Entscheidung über die Produktion neuer Modelle wurde von den Direktoren getroffen, doch gab es natürlich einen Verantwortlichen für Design und Entwicklung. In Menominee war dies Lewis Larsen, in London William Kennard Lusty. Erwiesenermaßen besaß William K. Lusty das Urheberrecht an einigen Lusty-Designs aus den frühen 30er Jahren; daraus kann man schließen, daß er für viele englische Modelle dieser Zeit verantwortlich war. Lewis Larsen regte sicher die Mehrzahl der neuen Lloyd-Designs an und war für viele vermutlich allein verantwortlich. Trotz dieser Führungsrolle waren beide Männer Teil einer eingeschworenen Mannschaft, so daß die Entwürfe eher dem Unternehmen als einer Einzelperson zugeschrieben wurden.

Lloyds wichtigste Produktlinie basierte auf einer Wohnzimmergarnitur aus Sessel, Schaukelstuhl und Sofa. Lloyd wollte den Absatz zusammenhängender Möbelgarnituren anregen, und die Kataloge und Werbekampagnen waren auf dieses Ziel ausgerichtet. Zwar konnte man auch Einzelstücke kaufen, doch gewöhnlich wurden die Möbel in den Geschäften als ›Die neue Kollektion von Lloyd-Loom-Garnituren‹ angeboten. Der Großteil der Lloyd-Kollektionen wechselte jährlich, besonders nach 1931. Zusatzartikel wurden manchmal passend zu bestimmten Garnituren hergestellt, konnten aber in der Regel mit jeder beliebigen Garnitur verwendet werden. Sessel wurden normalerweise mit passendem Sofa und Schaukelstuhl produziert.

Die englischen Produkte wurden nicht nach Lloyds wohlgeordnetem System zusammengestellt. Lusty bot eine große Anzahl von Sesseln ohne passendes Sofa an, und seine Produktpalette war weitaus umfangreicher. Viele Entwürfe wurden mit geringfügigen Größenunterschieden mehrfach hergestellt. Eigentlich war dies widersinnig, da selbst ein Zentimeter Unterschied in der Höhe eines Sesselrückens oder der Breite einer Sitzfläche die völlige Neustrukturierung des Rahmen nötig machte; man wundert sich also, warum Lusty es auf sich nahm, so viele Produkte mit solch geringen Unterschieden anzubieten.

Eine mögliche Erklärung liegt in Lustys Verkaufsmethode. Er belieferte den Möbelmarkt mit großem Erfolg über Vertragspartner wie Architekten oder Inneneinrichter. Den Wünschen solcher Kunden nach Abänderungen bestehender Designs wurde stets entsprochen. Lusty hatte speziell für diese Kunden in London einen Ausstellungsraum eingerichtet; um 1930 war der Anteil derartiger Geschäfte am Umsatz des Unternehmens beträchtlich. Aufgrund der engen Verbindung zwischen Verkauf und Fabrik bzw. Herstellungsprozeß betrachtete die Familie Lusty das Vertragsgeschäft unter profitorientierten Gesichtspunkten. Bei Lloyd in Menominee lagen die Verhältnisse anders.

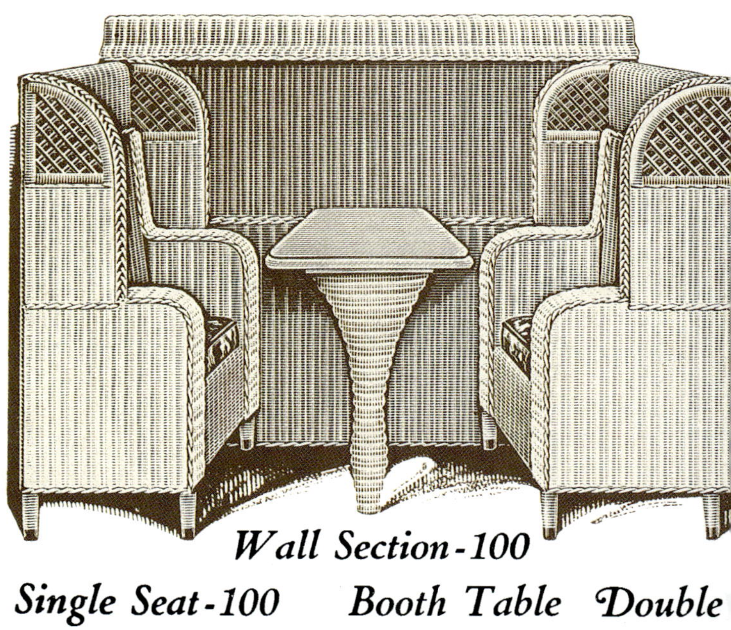

Das Werk war Teil der riesigen ›Heywood-Wakefield Company‹, und Entscheidungen über die Veränderung von Produktlinien wurden von den dort angestellten Direktoren in Übereinstimmung mit der Politik des Unternehmens getroffen. Auch Lloyd produzierte in den 20er Jahren eine Reihe von Möbeln für solche Direktaufträge; sie hatten großen Erfolg und trugen bestimmten kommerziellen Anforderungen Rechnung, waren aber strikt an den üblichen Standard gebunden.

Alle Lusty-Modelle waren auch für den Einzelhandel gedacht, Möbel wurden niemals exklusiv für den Vertragsmarkt produziert. Wurde ein Modell unter Berechnung der Bearbeitungskosten für einen speziellen Einrichtungsauftrag auch nur leicht abgeändert, nahm man die Variante in den nächsten Katalog auf.

Die für den Vertragsmarkt hergestellten Lusty-Sitzmöbel sind leicht zu erkennen. Unabhängig von Veränderungen des Designs wurden diese Sessel und Sofas in der Mitte der Sitzfläche mit zusätzlichen metallverstärkten Strängen versehen. Bei gewebten, ungepolsterten Sitzflächen sind in der Mitte des Sitzes und im oberen Teil der Vorderblende vier oder fünf

Spezielle Entwürfe für Lloyds Auftragsarbeiten für Vertragspartner.

Reihen dieser metallverstärkten Stränge zusätzlich zu den üblichen Längssträngen zu finden. Dadurch wurden der Sitz und vor allem die vordere Kante, die sich leicht abnutzte, verstärkt. Bei Lloyd war dieses Problem zweitrangig, da vor 1930 nur wenige Stücke mit gewebten Sitzflächen und nach 1931 – mit Ausnahme zweier Sondermodelle – überhaupt keine mehr hergestellt wurden. Alle Vertragsmodelle waren gepolstert und zum Teil auch mit Sprungfedern ausgestattet.

Lusty bot die meisten Sessel und Sofas mit geflochtener Sitzfläche oder wahlweise mit gefederter Polsterung an. Auf den ersten Blick scheinen die gepolsterten Ausführungen kürzere Beine und einfach ein Polster anstelle der Sitzfläche zu haben. Dies täuscht jedoch, denn die gut gefederten Polster hoben die vordere Linie des Sitzes an und machten tiefere Blenden sowie vor allem tiefere Seiten- und Rückenlehnen erforderlich. So ähnlich beide Versionen auch erscheinen mögen, sie wurden doch mit verschiedenen Rahmenteilen gefertigt und haben unterschiedlich geformte Grundkörper. Es handelte sich also in Wirklichkeit um zwei verschiedene Produkte.

Klassische Lloyd-Loom-Sessel

Der einfache Sessel war einer der beliebtesten Lloyd-Loom-Artikel; viele Leute setzen den Namen ›Lloyd Loom‹ mit diesem Sessel gleich und sind erstaunt, daß es noch andere Produkte gibt. Der Sessel ist auch eines der am leichtesten zu findenden Stücke der Blütejahre und bietet innerhalb der gesamten Produktpalette die größte Vielfalt an Entwürfen; in diesem Buch ist er daher in vielen Formen abgebildet.

Die breite Palette der klassischen Lloyd-Loom-Sessel mit Bugholzgestell läßt sich gemeinhin in zwei Kategorien unterteilen. Bei Lusty unterscheidet man ›Delux‹- und ›Popular‹-Modelle. Alle Sessel aus den 20er Jahren waren ›Delux‹-Modelle, das heißt ihr gesamtes Gestell war mit ›Fibre‹ umwickelt, außerdem hatten sie seitliche Blenden. 1932 brachte Lusty die neue, preisgünstigere ›Popular‹-Kollektion auf den Markt; die Modelle waren kleiner, ihr Rahmen nur zum Teil umwickelt, und sie hatten normalerweise keine seitlichen Verkleidungen. Daneben wurde in den 30er Jahren auch die ›Delux‹-Kollektion erweitert, so daß bis 1940 beide Standardformen produziert wurden. Da die ›Popular‹-Sessel von Lusty in den 30er Jahren in

Veranda in Menominee, die mit (neu lackierten) Möbeln der 20er und 30er Jahre eingerichtet ist. Sessel, Schaukelstuhl, Blumenständer und Beistelltisch stammen aus den frühen 20er Jahren. Das dreisitzige Sofa ist an den großzügigen Jacquardverzierungen, die um den gesamten Rücken und die vordere Blende verlaufen, leicht als Design aus den 30er Jahren zu erkennen.

großen Mengen produziert wurden, sind sie leichter zu finden als die ›Delux‹-Modelle aus den 20er und 30er Jahren, doch werden auch sie immer seltener.

Lloyd-Sessel lassen sich eher nach ihrem Herstellungsdatum als nach ihrer Qualität unterscheiden. Die Produktpalette war nicht so klar in zwei Kategorien gegliedert. In den 20er Jahren wurden einige preiswertere Modelle ohne seitliche Blenden hergestellt; dies waren jedoch einzelne Entwürfe aus der Produktpalette und keine billigeren Kopien bestehender Modelle. In den 30er Jahren waren die Preisunterschiede sehr gering, da die Palette kleiner war und nur wenige Sessel ohne seitliche Blenden angefertigt wurden. Im Gegensatz zu Lustys 1930er ›Popular‹-Modellen wurden die Größe der Möbel und der verzierten Rahmen beibehalten. Es gibt jedoch einen deutlichen Unterschied zwischen Lloyd-Produkten der 20er und der 30er Jahre: Heute ist es schwierig, einen Sessel der 30er Jahre ohne großzügige Jaquardmuster zu finden. Sie wurden fast alle in diesem Stil gefertigt und können daher leicht identifiziert werden.

Lustys ›Delux‹-Modelle (besonders jene aus den 20er Jahren) sind am schwierigsten zu finden. Bei Lloyd ist der Fall etwas komplizierter. Das ›Goldene Zeitalter‹ der Lloyd-Loom-Produktion waren die 20er Jahre. Die Modelle mit Jaquardverzierungen aus den 30er Jahren wurden in geringerem Umfang hergestellt, da sich der Betrieb zu diesem Zeitpunkt auf andere Produkte umstellte.

◁ Beispiele für die klassischen, dreiteiligen Lloyd-Wohnzimmergarnituren um 1928, die typische Produkte aus der zweiten Hälfte der 20er Jahre darstellen. Frühere Modelle weisen keine Jacquardverzierungen auf.

▷ Drei einfache Lloyd-Sessel aus den 30er Jahren, die mit passendem Sofa und Schaukelstuhl angeboten wurden. Diese Designs, um 1934, sind typische Beispiele der klassischen Produkte mit Bugholzrahmen jener Zeit (obgleich viele auch mit ähnlichen Stahlrohrgestellen ausgestattet waren). Sie sind leicht als Modelle der 30er Jahre zu erkennen, da sie keine Seitenblenden, dafür aber großzügige Jacquardverzierungen besitzen.

▷ Klassische Lusty ›Delux‹-Sessel mit Polsterung, wie sie von den späten 20er Jahren bis 1940 produziert wurden.

▽ Lustys Modelle mit der Nummer 64 (1923–40) wurden in den 20er Jahren für die Einrichtung des Ozeandampfers *Viceroy of India* verwendet.

◁ Lustys klassische ›Popular‹-Sessel als Gartengarnitur, die auch zwei Modelle mit eingeflochtenen Webmustern enthält (1935–40).

▽ ›Popular‹-Sessel als Ausstattung eines Pubs oder Landgasthofes, um 1936. Die abgebildeten Tische sind komplett mit ›Fibre‹ umwundene ›Delux‹-Modelle.

Schaukelstühle

Die auffallendste Variante bei den Sesseln stellt der Schaukelstuhl dar; bei den meisten Entwürfen wurden einfach bogenförmige Holzteile an den Füßen eines ansonsten unveränderten Sessels angebracht. Schaukelstühle haben in Amerika eine bedeutende Tradition, und Lloyd produzierte sie in großen Mengen. Wenn man die Fotos von Marshall Burns Lloyds Büro (Seite 18 und 19) näher betrachtet, stellt man fest, daß dort nur Schaukelstühle zu sehen sind. Der Schaukelstuhl war ein wichtiger Bestandteil der Lloyd-Loom-Wohnzimmergarnituren; er tauchte in sämtlichen Katalogen auf und wurde von allen Möbelstücken am häufigsten auch einzeln gekauft. In Amerika ist er daher oft zu finden, in Europa sind Lloyd-Loom-Schaukelstühle dagegen extrem selten, was eigentlich nur schwer zu begreifen ist.

Eine der frühesten Zeitungsanzeigen Lustys zeigt das Bild eines Schaukelstuhls (der mit jenen in Lloyds Büro fast identisch ist); er war ein Teil der ersten Möbelkollektion Lustys, die 1922 auf den Markt kam. In späteren Anzeigen erschien er jedoch selten. Nur wenige Sessel der umfangreichen Lusty-Kollektion wurden als Schaukelstühle abgebildet, obgleich die meisten in dieser Ausführung bestellt werden konnten. Man fragt sich, warum so wenige Schaukelstühle hergestellt wurden. Die Antwort hängt mit den Unterschieden in der amerikanischen und englischen Tradition und dementsprechend auch mit der Preispolitik der Unternehmen zusammen.

Anscheinend wurden bei Lloyd die höheren Produktionskosten der Schaukelstühle durch die normalen Sessel aufgefangen. Die frühen Modelle waren jeweils gleich im Preis, trotz der zusätzlichen Kosten, die die Herstellung, Anpassung und Nachbearbeitung der Teile mit sich brachte, und trotz der Tatsache, daß für Schaukelstühle ein höherer Verpackungsaufwand und höhere Frachtkosten anfielen. Dies scheint unökonomisch und kann nur dadurch erklärt werden, daß der Schaukelstuhl als Reklame für den Rest der Kollektion dienen sollte, da er bald auf vielen amerikanischen Veranden zu finden sein würde. Dem Kunden wurde für den gleichen Preis mehr geboten, was natürlich nicht unwesentlich zum Erfolg der Schaukelstühle beitrug.

Bei Lusty war das Gegenteil der Fall. Der Schaukelstuhl war zwar keineswegs unbeliebt, doch für den britischen Markt weitaus weniger wichtig; er wurde daher in der Werbung nur halbherzig angepriesen. Die entsprechende Option erschien in den Katalogen kleingedruckt und kostete zehn bis fünfzehn Prozent mehr als der Standardsessel. Lustys äußerst erfolgreiche ›Popular‹-Sesselkollektion enthielt nicht einen einzigen Schaukelstuhl.

Variationen des Holzrahmens

Eine der frühesten Möbelgarnituren Lloyds war eine Eßzimmergruppe mit Eßtisch, Stühlen und Buffet, die mit polierten, sich verjüngenden Zierholzfüßen ausgestattet waren. Die Garnitur hieß ›Number 1‹ (alle Lloyd-Loom-Produkte waren numeriert). Sie ähnelte Möbeln der 50er Jahre und war avantgardistisch, aber erfolglos, so daß die Produktion bald eingestellt wurde. Das Unternehmen konzentrierte sich in den 20er Jahren auf traditionelle Designs, deren Rahmen passend zum Geflecht mit ›Fibre‹ umwunden waren. Dies wurde zu einem Merkmal des klassischen Lloyd-Loom-Stils, und Lloyd produzierte nur drei weitere Modelle mit poliertem Zierholz: die Wohnzimmergarnitur Nr. 88 (1929–31), eine Version mit durchbrochenem Geflecht (1930) und die Garnitur Nr. 85 (1929). Bei den beiden erstgenannten Modellen waren Arme und Vorderfüße ähnlich gestaltet; das letztgenannte Modell gehörte zu den am aufwendigsten verzierten Stücken und wies auch an der Rückseite gedrechselte Holzverzierungen auf. Die Garnituren ähnelten eher Bergere-Möbeln aus der Zeit Eduards VII.; sie waren keine typischen Lloyd-Loom-Produkte und sehr teuer in der Herstellung, besonders der Entwurf Nr. 85.

Auch Lusty brachte 1929 eine Modellserie mit gedrechselten und polierten Holzverzierungen auf den Markt. Sie waren an den damals in England sehr beliebten Stil der Zeit Jakobs I. angelehnt. Die Verwendung von poliertem Holz zusammen mit Flechtwerk sollte laut Katalog ›die Nachfrage nach Flechtmöbeln im Stil verschiedener Epochen befriedigen‹. Produziert wurden zwei Wohnzimmergarnituren, eine mit kugelförmig gedrechselten Holzteilen, die andere mit quadratischen Teilen und Schnit-

Ein seltener Lusty-Schaukelstuhl Nr. 85 mit Zierholzrahmen, 1929–30. Den Sessel erhielt Clarence Knutson im April 1930 als Hochzeitsgeschenk; Knutson war Angestellter der Lloyd-Werke in Menominee, wo er über 45 Jahre lang arbeitete. Die goldenen Verdienstabzeichen (rechts) sind Beweis für seine langjährige und treue Mitarbeit bei der ›Heywood-Wakefield Co.‹. Sammlung des Autors.

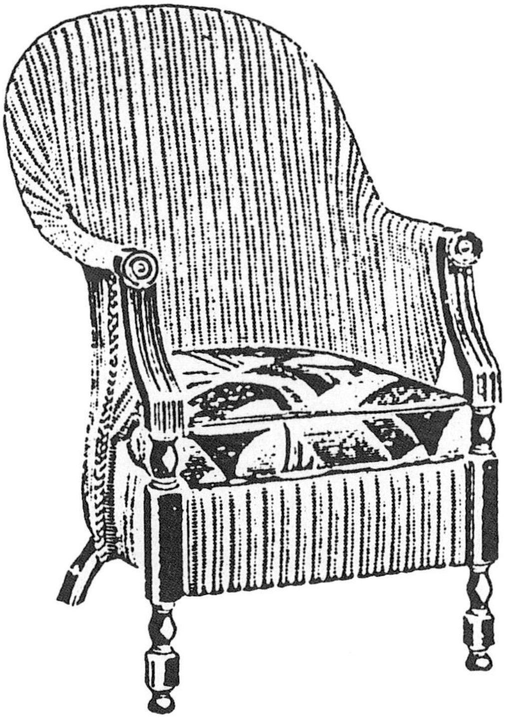

Lusty-Armsessel mit gedrechseltem und geschnitztem Zierholzrahmen mit eckigen Abschnitten. Er gehörte zu den Modellen im Stil Jakobs I., 1929–37.

Zierholz-Armsessel Modell Nr. 7042, 1932–39, im zeitgenössischen Design (oben), und ein bizarr geformter Armsessel mit Zierholzrahmen, Modell Nr. S7303, 1934–35.

▷ Lusty-Modelle der 30er Jahre mit geschwungenen Füßen im Queen-Anne-Stil.

zereien an den Armlehnen. Erstere wurde bis 1935 hergestellt, die zweite und gleichzeitig beliebtere bis 1937. Für beide wurde gewöhnlich solides Eichenholz verwendet. 1933 bis 1935 wurde auch ein einzelner, noch eleganterer Stuhl in Mahagoni und mit geriffelten Füßen angeboten.

Solche Entwürfe waren ebenso wie ihre amerikanischen Gegenstücke komplizierter und teurer in der Herstellung als die Standardmodelle mit Bugholzgestell. Sieht man die Dinge im richtigen Verhältnis, so erfüllten solche Modelle wohl den Zweck, den Markt für Lloyd Loom zu vergrößern. Einige Antiquitätenhändler, die gemeinhin an Loom-Möbeln nicht interessiert sind, schätzen solche Stücke sehr hoch ein – auch im Hinblick auf ihren Wert.

1933 brachte Lusty eine neue Serie mit dem Namen ›All Square‹ heraus, bei der die runden Bugholzteile durch viereckige, nicht umflochtene Holzteile ersetzt waren. Diese Option wurde für einige der neuen ›Popular‹-Modelle angeboten und bis 1940 beibehalten. Drei der Modelle waren mit Vorderfüßen im Sheratonstil ausgestattet (1933–36). Lusty experimentierte auch mit Modellen, die im Gegensatz zu den üblichen Designs mit Zierholzteilen sehr schlicht, ja avantgardistisch waren. Sie wurden in vier verschiedenen Stilen angeboten und waren die wohl bizarrsten unter den Lusty-Designs. Wie die frühen Versuche Lloyds, polierte Holzteile mit Flechtwerk zu verbinden, ähnelten sie Möbeln der 50er Jahre und waren ihrer Zeit weit voraus, ja sind es heute noch; nur wenige Lloyd-Loom-Sammler würden sie in ihrer Wohnung aufstellen!

Für die Möbelkollektion von 1932 führte Lusty geschwungene Sesselfüße im Queen-Anne-Stil ein. Diese Form wurde zunächst für einen Klavierhocker und ab 1935 für sämtliche klassische Sesseldesigns angeboten. Dabei wurden einfach die mit ›Fibre‹ umflochtenen Bugholzfüße abgeschnitten und durch geschwungenen Füße in solidem, gebeiztem und poliertem Eichenholz ersetzt. Im Katalog des folgenden Jahres dominierte dieser neue Stil die ›Delux‹-Kollektion. Die Originaldesigns waren zwar noch abgebildet, schienen jedoch von zweitrangiger Bedeutung zu sein. Trotz dieser Tatsache und trotz Lustys Begeisterung für geschwungene Füße, die bis 1940 hergestellt wurden, erwies sich der klassische Stil als dauerhafter, und Möbel im Queen-Anne-Stil sind heute nur schwer zu finden. Ein niedriger Schlafzimmerstuhl war als einziges Modell bereits im ursprünglichen Entwurf mit geschwungenen Füßen ausgestattet und wurde nie mit Bugholzfüßen hergestellt; er wurde zum beliebtesten Modell dieser Stilrichtung. Es gab davon vier Ausführungen: zwei waren bis auf die Breite der Sitzfläche identisch, eine dritte Version in Höhe eines Eßzimmerstuhls wurde nur bis 1938 und eine weitere mit runder Sitzfläche nur 1939 für kurze Zeit produziert. Die beiden letzteren sind heute sehr selten, der ursprüngliche Lusty-Schlafzimmerstuhl ist jedoch leichter zu finden und wurde auch nach dem Krieg wieder produziert.

Bei den amerikanischen Lloyd-Produkten sind keine Modelle im Queen-Anne-Stil zu finden. Die europäischen Lloyd-Loom-Sammler sind sich über die geschwungenen Beine nicht einig und sehen aufgrund dieses Details oft vom Kauf ansonsten makelloser Stücke ab. Abgesehen vom persönlichen Geschmack gilt die Tatsache, daß diese einst so teure Option heute den Wert eines Lloyd-Loom-Stückes nicht erhöht.

Stühle mit Metallrahmen

Ab 1930 beschäftigte sich Lloyd intensiv mit der Produktion neuartiger Stühle mit Metallgestell. So wurden verschiedene freischwingende und federnde Unterteile sowie neue Designs entworfen, die zu den flachen oder rohrförmigen Stahlgestellen paßten. Lewis Larsen war bestrebt, Stahlrohrmöbel zu entwikkeln, bevor die Korbmöbel aus der Mode kamen.

Freischwinger gehören heute zum Standardangebot, doch sollte man bedenken, daß sie erst seit Mitte der 20er Jahre existieren. Ihre Entwicklung wird gewöhnlich dem 1919 von Walter Gropius in Deutschland gegründeten Bauhaus zugeschrieben. Stoff zum Nachdenken gibt in diesem Zusammenhang jedoch ein Auszug aus der Broschüre, die anläßlich des siebzigsten Geburtstages von Lewis Larsen herausgegeben wurde.

›1919 rief Lewis Larsen einen der Handwerker zu sich und sagte: »Wir werden einen Stuhl aus winkelförmigem oder gebogenem Röhrenmaterial ohne hintere Beine herstellen.« Der Arbeiter hielt die Idee für verrückt, führte sie jedoch zu Larsens Zufriedenheit aus. Dieser zeigte den Stuhl Marshall Lloyd, der bei seinem Anblick zu lachen begann und sagte: »Du mußt verrückt geworden sein, Lewie. Wer hätte je von einem Stuhl ohne Hinterbeine gehört?« Diese Art der Erwiderung war typisch für Lloyd, nicht aber die Tatsache, daß er die Bedeutung eines neuen Konzepts so völlig verkannte. Larsen ließ sich jedoch nicht beirren und sagte hinterher lediglich zu dem Handwerker: »Markieren sie das Entstehungsdatum auf diesem Stuhl, ich schätze, ich bin meiner Zeit zu weit voraus.« Fünf Jahre später kam der Stuhl in Europa heraus und wurde seitdem millionenfach hergestellt.‹

1931 nahm Lloyd im Zuge der neuen Entwicklung die Produktion von freitragenden und federnden Stahlrohrgestellen auf. Zwischen 1931 und 1933 wurden zwei neue Modelle mit ›Fibre‹-Geflecht hergestellt: der ›Country Club Chair‹ mit einer neuen, federnden Konstruktion und der ›Seaside Chair‹, der vermutlich auf dem von Larsen 1919 entwickelten Freischwinger basiert. Er ist den berühmten, von Mies van der Rohe 1926 in Deutschland produzierten Stühlen der ›MR-Linie‹ bemerkenswert ähnlich.

Der ›Seaside Chair‹ war der einzige freischwingende Lloyd-Stahlrohrstuhl mit ›Fibre‹-Geflecht. Für das Unternehmen war er von großer Bedeutung, denn mit ihm begann die Weiterentwicklung von Stahlrohr- und Freischwinger-Designs sowie die Spezialisierung auf verchromte Stahlrohrmöbel, die immensen Erfolg hatten. Da die Palette solcher Produkte immer breiter wurde, begann das ›Fibre‹-Geflecht zu verschwinden und die Stahlrohrmöbel dominierten schließlich den modernistischen amerikanischen Möbelmarkt, ebenso wie die Lloyd-Loom-Möbel in den 20er Jahren diesen Markt beherrscht hatten.

Der ›Country Club Chair‹ hatte ein ähnliches Stahlrohrgestell wie der ›Seaside Chair‹, nur war das Rohr in der Mitte der vorderen Biegung mit einem Scharnier versehen. Die Sitzfläche wurde von flachen, aus Gründen der Elastizität zum Teil gewundenen Stahlteilen getragen (siehe Abbildung), so daß ein Schaukelstuhl entstand. Die neue Schaukelstuhlkonstruktion (ohne die üblichen lästigen Holzverstrebungen) war für Lloyd eine aufregende Neuerung und wurde auch bei einigen traditionellen Loom-Sesseln verwendet. Man erkannte bald, daß die gesamte Konstruktion vereinfacht werden konnte. Flache Stahlteile mit entsprechender Spannung statt des Stahlrohrgestells machten Scharniere oder spezielle Federn am Rahmen überflüssig. Das ursprüngliche Lloyd-Design wurde bei traditionellen Stuhlkörpern nicht mehr verwendet und 1932 durch einen vereinfachten Freischwinger/Schaukelstuhl mit flachem Stahlrahmen ersetzt, der als Option bis 1940 verfügbar war.

Der ›Country‹- und der ›Seaside‹-Stuhl wurden zwar nur für kurze Zeit produziert, gehören aber zu den interessantesten und attraktivsten Lloyd-Loom-Entwicklungen mit Metallrahmen; sie sind allerdings so selten, daß Sammler kaum noch Exemplare finden werden.

Lloyds ›Seaside‹-Freischwinger mit Stahlgestell, 1931–33, der vermutlich schon 1919 von Lewis Larsen entworfen wurde.

◁ Seltener ›Country Club Chair‹ von Lloyd mit Stahlrahmen, 1931–33. Die Rahmenkonstruktion bewirkte einen Schaukelstuhleffekt, ohne die traditionellen Verstrebungen der Beine zu benötigen. Sammlung von Dr. Stephen und Gattin, Caselton, USA.

Lloyd-Freischwinger mit flachem Stahlrahmen, der 1932–40 in verschiedenen Designs und 1933–40 auch von Lusty produziert wurde.

Der Lloyd-Freischwinger mit flachem Stahlrahmen war praktisch, doch von geringer Ästhetik und konnte den beliebten, traditionellen Schaukelstuhl nicht ersetzen. Lusty verwendete diese Konstruktion 1933 bei einer Reihe eigener Entwürfe und führte die Produktion (allerdings in geringerem Umfang) ebenfalls bis 1940 fort. Das Unternehmen verwendete nach Lloyds Vorbild auch Stahlrohrgestelle, und Frank Lusty, ohne Zweifel von Larsens Begeisterung angesteckt, fuhr nach Menominee, um die Produktionstechniken zu studieren. Bei Lusty wurden die Gestelle jedoch nur mit ›Fibre‹-Geflecht verwendet und nicht, wie in Amerika, völlig neue Produktlinien eingeführt.

1935 brachte Lusty eine Kollektion von Korbmöbeln mit verchromtem Stahlrohrgestell auf den Markt, darunter einige interessante neue Modelle im Art-déco-Stil. Leider wurden die neuen Füße und Untergestelle aus verchromtem Stahlrohr, ebenso wie die geschwungenen Holzfüße und die flachen, freischwingenden Stahlrahmen, häufig einfach für Modelle verwendet, die ursprünglich einen Bugholzrahmen hatten, was ihnen ein recht seltsames Aussehen gab. Dies mag neben der Tatsache, daß die verchromten Stahlrohrmöbel den Engländern noch zu avantgardistisch erschienen, mit ein Grund dafür sein, daß sich die neuen oder auf neu hergerichteten Modelle nicht gut verkauften und heute nur selten zu finden sind.

Hinter dem Armsessel Modell Nr. 8000 mit freischwingendem Gestell aus verchromtem Stahlrohr und dem passenden Beistelltisch ist ein traditionelles Ruhebett mit Bugholzgestell zu sehen; das Schränkchen (ganz rechts) ist mit einem Schablonenmuster lackiert. Das Ensemble veranschaulicht Lustys Versuch, den traditionellen ›Fibre-Look‹ mit verchromtem Stahlrohr moderner zu gestalten. Lusty Katalog von 1936.

Die geflochtene Borte wurde bei manchen Stühlen durch eine Metallverkleidung ersetzt. Möglicherweise wurde sie von einem Ausstatter von Schiffen oder Cafés in Auftrag gegeben, denn sie schützte die Kanten vor Abnutzung und wirkte recht modern. Verschiedene Modelle mit Metallborten wurden zwischen 1937 und 1940 von Lusty produziert.

Varianten der Lloyd-Loom-Sitzmöbel mit Metall- oder Zierholzrahmen sind schwer zu finden, und die meisten Modelle sind äußerst selten. Man muß bedenken, daß solche Möbelstücke zum größten Teil Versuche darstellten oder lediglich als Optionen im Hauptkatalog der traditionellen Lloyd-Loom-Produkte angeboten wurden.

◁ Einer der wenigen neu entworfenen Lusty-Sessel mit verchromtem Stahlrohrgestell, Modell Nr. T.8319 (1935–39). Sammlung des Vitra Design Museums, Weil am Rhein.

▽ ›Popular‹-Sessel von Lusty mit seltener, verchromter Metallverzierung, die in den 30er Jahren als Alternative für die geflochtene Borte angeboten wurde. Sie wurde vermutlich für Spezialbestellungen entworfen und war weniger für die gewöhnlichen Kunden bestimmt. Daneben einer der wenigen Tische mit Stahlrohrbeinen, um 1938.

›Fitchwork‹

Eine der ungewöhnlichsten Abschweifungen Lloyds stellte das sogenannte ›Fitchwork‹ oder ›offene Geflecht‹ dar, das aus dem traditionellen Flechthandwerk stammte; unter geschickter Ausnutzung der Längsstränge wurde dabei das arbeitsintensive Einflechten der Füllstränge reduziert. Lloyds Methode hatte Erfolg, weil damit fest geflochtenes Material hergestellt wurde, aus dem der gesamte Möbelkörper bestand. Für traditionelle Flechthandwerker bedeutete ›Fitchwork‹ im allgemeinen weniger Arbeit, doch im Fall von Lloyd Loom wurde die Produktion dadurch keineswegs schneller, sondern komplizierter und langsamer. Das Ungewöhnliche an dieser Variation liegt nicht im Aussehen, sondern darin, daß sie einen Rückschritt in dem sonst so effizienten Produktionssystem darzustellen schien. In Lloyds Fall war das ›Fitchwork‹ eine schmückende Verzierung und teurer in der Herstellung.

›Fitchwork‹ wurde in den frühen 20er Jahren eingeführt und bestand normalerweise in linearen Durchbrüchen im Geflecht, ähnlich einem durchbrochenen Flechtmuster. In diesem Fall war die Abwandlung des Musters handgearbeitet und bedeutete, daß kurze, metallverstärkte Stränge eingearbeitet wurden, um die durchbrochenen Abschnitte zusammenzuhalten und zu verzieren. So wurde ein dekoratives Muster über die gesamte Breite eines Stückes erzielt, das damals mit dem Jacquardsystem noch nicht erzeugt werden konnte. Die Arbeit war knifflig, wurde aber vermutlich durchgeführt, um Modellvariationen zu erhalten, die auf den traditionell orientierten Markt abgestimmt waren. Mit der Lloyd-Loom-Methode konnten fest geflochtene Grundkörper wie auch traditionelle Details erzeugt werden; obwohl das ›Fitchwork‹ die Produktion verlangsamte, war das Stück doch wesentlich einfacher herzustellen als ein handgearbeitetes Produkt.

In den späten 20er Jahren wurde ›Fitchwork‹ in größerem Umfang verwendet; große Flächen tauchten direkt über der Sitzfläche am Sesselrücken, am unteren Teil der Seitenverblendung und an den Verkleidungen unterhalb der Sitzfläche auf. Es wurde immer dekorativer, mit durchsichtigen Abschnitten offenen Geflechts, die durch kreuzförmig verflochtene Längsstränge ohne Füllstränge erzeugt wurden. 1931 wurde ›Fitchwork‹ auf den Saum direkt unterhalb des Sitzes beschränkt und verschwand im folgenden Jahr völlig. Bei Lloyd-Loom-Modellen nach 1932 ist es nicht mehr zu finden.

◁ Sehr seltener ›Fitchwork‹-Sessel von Lusty, um 1931. Sammlung des Vitra Design Museums, Weil am Rhein.

Bei einer Variante des ›Fitchwork‹-Stils werden überhaupt keine Füllstränge eingeflochten. Diese Technik zur Herstellung eines völlig durchbrochenen, fast skelettartigen Geflechts wurde von Lloyds Konkurrenten – häufig unter Verwendung metallverstärkter Stränge – angewandt. Um nicht übertrumpft zu werden, ließ Lloyd 1928 ein Herstellungsverfahren für sogenannte ›Stick Fibre‹-Möbel patentieren, die beinahe ausschließlich aus ›Fitchwork‹ bestanden und nur wenige Füllstränge

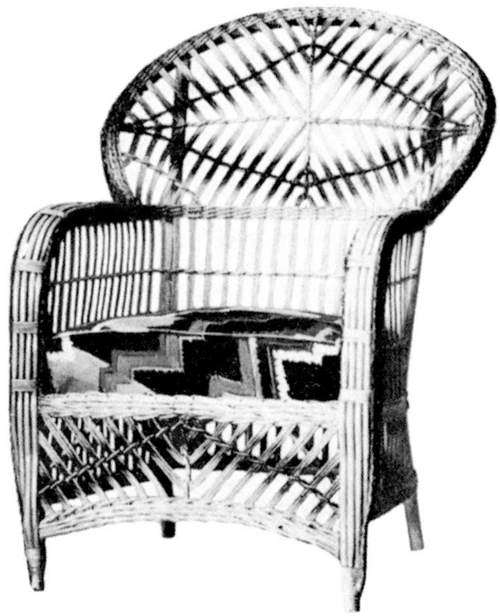

▷ Zwei ›Stick Fibre‹-Sessel von Lloyd, um 1930, die ohne Verwendung des Webstuhls gefertigt wurden.

△ Sofa und Sessel aus der Modellserie Nr. 8000, mit ›Fitchwork‹-Verzierungen an den vorderen Blenden, um 1932.

▷ Seltener Armsessel der Modellserie Nr. 8000 mit ›Fitchwork‹, um 1932. Privatsammlung.

aufwiesen. Die herkömmlichen Lloyd-Loom-Maschinen wurden hier nicht eingesetzt. Das Verfahren basierte auf Lloyds ursprünglichem Lloyd-Loom-Patent. In diesem Fall ähnelte das Flechtgestell einem Nagelbrett; metallverstärkte ›Fibre‹-Stricke, etwas breiter als üblich, wurden um Holzdübel, die in einer flachen Platte steckten, herumgeflochten und miteinander verschlungen, so daß ein kompletter Körper entstand, der vom Gestell genommen und auf einen Möbelrahmen genagelt wurde. ›Stick Fibre‹-Möbel sind in Amerika weit verbreitet und werden nicht unbedingt mit Lloyd Loom in Verbindung gebracht; die Lloyd-Loom-Stücke unterscheiden sich jedoch dadurch, daß sie nicht um den Rahmen geflochten, sondern aufgenagelt sind. Die zwischen 1928 und 1931 hergestellten Stücke repräsentierten Lloyds ursprüngliches Konzept und waren die einzigen Möbel, die nach seiner Originalidee und ohne den Webstuhl hergestellt wurden.

Paradoxerweise versuchte Lusty die ›Stick Fibre‹-Methode in demselben Jahr in London einzuführen, in dem die Produktion in Menominee eingestellt wurde. Im Katalog von 1931 wurden zwei Modelle, die auf einem Lloyd-Design basierten, vorgestellt. Dieser völlig neue Stil von Lloyd Loom Fitchwork-Modellen wurde als ›Verkörperung neuer, nie dagewesener Formen dekorativen Geflechts ... aus einem neuen ›Fibre‹ mit dickeren, festeren Strängen, die alle mit Metalldrähten verstärkt sind‹ angepriesen. Lustys Flirt mit ›Stick Fibre‹-Möbeln war sehr kurz (um 1931), und die entsprechenden Modelle zählen zu den seltensten Lusty-Loom-Exemplaren.

Lusty produzierte auch einige Modelle mit ›Fitchwork‹-Mustern oder ›Fitchwork‹-Details, die ebenfalls sehr selten sind. Die ›Fitchwork‹-Details sind am Lusty-Sessel Nr. 8000 und einem dazu passenden Sofa zu finden, die zwischen 1931 und 1933 hergestellt wurden. Ein sehr seltener Lusty-Sessel mit ›Fitchwork‹-Muster ist auf Seite 86 abgebildet. Offenbar beschäftigte Lusty in den 30er Jahren einen amerikanischen ›Fitchwork‹-Spezialisten; der abgebildete Sessel war der Prototyp für einen kleinen Auftrag.

Seltenes Lloyd-Sofa, das in ein Bett verwandelt werden kann (links), um 1930. Mitte der 20er Jahre wurde ein einfacheres Design produziert. Lusty stellte keine Bettsofas her.

Lloyd-Sofa und passende Chaiselongue aus den 20er Jahren mit handbemaltem Jacquardband.

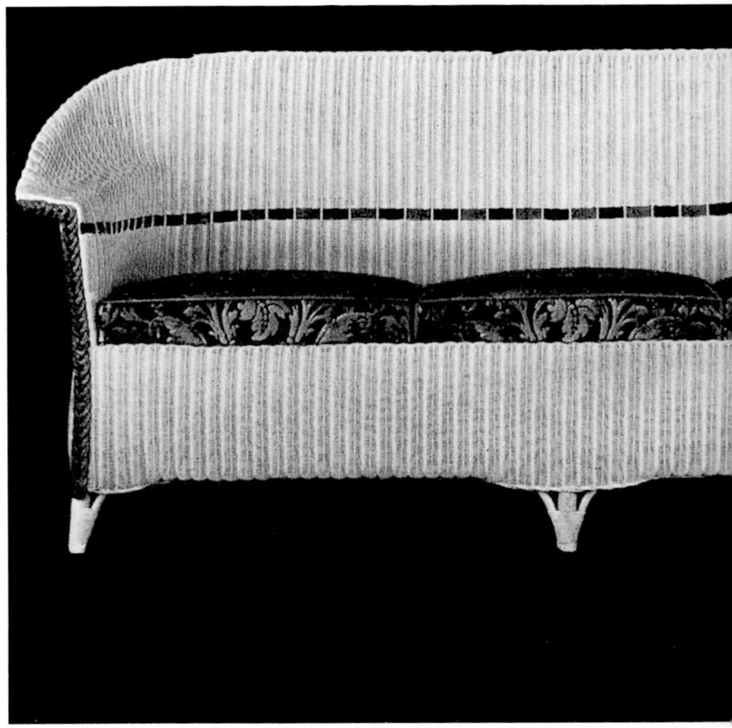

Sofas und Chaiselongues

Sofas waren die größten Stücke unter den Lloyd-Loom-Möbeln. Meist stellten sie erweiterte Ausführungen von Standardsesseln dar, die für zwei bis drei Personen Platz boten und in der Regel wie die vorher beschriebenen Sessel und Schaukelstühle konstruiert waren. Sie kosteten das Doppelte der entsprechenden einsitzigen Sessel und waren damit die teuersten Möbelstücke. Heute sind Sofas aus den 20er bis 40er Jahren erheblich teurer als die dazugehörigen Sessel, besonders in Europa, wo sie seltener zu finden sind.

Der Großteil von Lloyds Produktpalette basierte auf Wohnzimmergarnituren, die ein Sofa miteinschlossen, doch Lusty bot diese Option nicht immer an und produzierte viele Sessel ohne passendes Sofa. Die meistverkaufte Serie, die ›Popular‹-Linie der 30er Jahre, umfaßte ungefähr 30 Sessel, von denen nur vier Modelle auch als Sofas erhältlich waren. Die englischen Käufer benutzten Lloyd-Loom-Sessel in verschiedenen Zimmern, zum Beispiel im Schlafzimmer, wo Sofas nicht benötigt wurden, und das Unternehmen paßte sich diesem Trend an, indem es eine große Anzahl einzelner Sesselentwürfe anbot.

Lloyds Möbel waren vor allem für die Ausstattung von

Wohnzimmern bestimmt, doch wurden auch Sofas produziert, die in ein Bett verwandelt werden konnten (ähnlich den modernen Bettsofas). Diese gehören zu den seltensten Sofavariationen unter den Möbeln der 20er bis 40er Jahre. Die Sitzfläche konnte bei einigen der frühesten Modelle vorgeschoben werden, so daß sich die gepolsterte Fläche verdoppelte; um 1926 wurde die Produktion dieser Version eingestellt. 1930 tauchte für kurze Zeit ein neues Modell auf, bei dem nach der Entfernung der Polster ein komplexerer, metallverstärkter Rahmen nach außen geklappt werden konnte. Nach 1930 wurden keine weiteren Bettsofas hergestellt; bei Lusty sind sie überhaupt nicht zu finden.

Das Foto von Lloyds Büro (Seite 18) zeigt ihn auf einer Couch. Mit der Ablage an der Rückenlehne ist sie als Sofa wohl nicht sehr bequem. Vermutlich ging dieses Spezialmodell nicht in Serienproduktion, doch wurde um 1923 ein elegantes Ruhebett hergestellt. Es hatte gepolsterte, abgerundete Enden, ähnlich dem traditionellen Kopfende von Betten, und war ansonsten sehr einfach; drei Varianten wurden auch von Lusty in London produziert. Von den späten Zwanzigern bis 1933 wurde eine etwa 2 Meter lange Couch angeboten, deren Endstücke wie die Lehne eines viereckigen Sessels nach außen gebogen waren. 1936 wurde sie durch ein eleganteres Modell mit nur einem Endstück, Bugholzfüßen und einem leicht abgerundeten Grundkörper ersetzt. Im selben Jahr wurde die viereckige Grundform wieder aufgenommen und bis 1938 hergestellt.

Lloyd zog die Chaiselongue der Couch vor. Sie hatte die Form eines Sessels mit verlängerter Sitzfläche. Der sonst standardgemäße Sessel hatte eine längere vordere Verkleidung und zusätzliche Beine für die Verlängerung. Die Chaiselongue-Option bestand in den frühen 20er Jahren bei verschiedenen Modellen, verschwand jedoch nach 1929. Der Chaiselongue-Effekt konnte auch durch einen separaten, gepolsterten Fußhocker erzielt werden. Zu diesem Zweck wurde bis 1932 ein langgestreckter Hocker produziert.

Etwas preiswertere Version der Lloyd-Chaiselongue mit kürzerer Seitenverkleidung, um 1928.

Länglicher Lloyd-Fußhocker, mit dem einfache Sessel in eine Chaiselongue verwandelt wurden. Daneben ein seltenes Modell mit gepolsterter Rückenlehne.

Die Lusty-Werke produzierten keine Chaiselongue, kopierten jedoch den gepolsterten Fußhocker und boten 1928 bis 1932 ein Modell an, das zu dem äußerst erfolgreichen Sessel Nr. 60 gehörte. Passend zur ›Popular‹-Linie wurde zwischen 1935 und 1940 ein kürzerer Hocker hergestellt. Allerdings produzierte Lusty etwas Ähnliches wie eine Chaiselongue: den sogenannten ›Invalid Chair‹, der ganz aus ›Fibre‹ und einem Bugholzrahmen bestand und ursprünglich nicht gepolstert war. Der Entwurf lehnte sich an die klassischen Deckstühle von Schiffen an. Die Rückenlehne war verstellbar und die Fußstütze konnte auf einem Unterrahmen aus Metall unter der Sitzfläche vorgezogen werden. Zur Aufbewahrung konnte der gesamte Sessel – als einzige der Chaiselongues – zusammengeklappt werden. Die übrigen Sofas, Chaiselongues und Schaukelstühle sind bekanntlich schwierig zu lagern und aus diesem Grund auch teuer im Transport. Lustys ›Invalid Chair‹ war offensichtlich für den Gebrauch auf Ozeandampfern und in Sanatorien entworfen worden; er ist sehr bequem, besonders mit losen Kissen. Heute ist er leider äußerst selten. Das abgebildete Modell wurde 1927 bis 1933 hergestellt. Danach tauchte es in der ›Popular‹-Kollektion auf, doch mit weniger attraktivem Äußeren und nacktem Bugholzgestell, wurde allerdings wahlweise mit gefederter Sitzpolsterung geliefert.

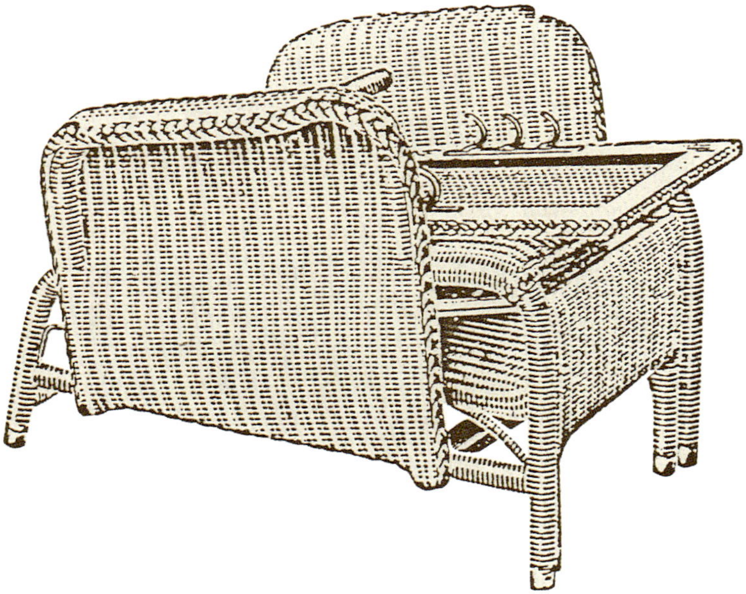

Lustys ›Invalid Chair‹ bzw. Liegestuhl aus der ›Delux‹-Serie, 1927–33, mit verstellbarer Rückenlehne und ausziehbarem Fußteil. Zum Lagern konnte er zusammengeklappt werden (oben). Sammlung des Autors.

Tische

Das Lloyd Loom ›Fibre‹-Geflecht war für die Herstellung von Tischen nicht sehr geeignet. Die Flexibilität des metallverstärkten Materials und die sonst so vorteilhafte, natürliche Biegsamkeit sprachen gegen eine Verwendung für Tische. Das ›Fibre‹-Geflecht war zwar schön, aber in diesem Fall nicht zu verwenden, denn es bot Biegsamkeit anstelle der geforderten Festigkeit und eine strukturierte statt einer glatten Oberfläche. Die Schwierigkeiten werden noch deutlicher, wenn man bedenkt, daß verschüttete Flüssigkeit durch das Geflecht tropfen und nur durch die unterlegte Holzplatte aufgefangen würde. Bei größeren Mengen würde sie langsam aus den Kanten dringen, so daß man die Tischplatte mit Wasser spülen und den Tisch zum Trocknen auf die Seite legen müßte.

Bei Lloyd löste man dieses Problem, indem man die meisten Tischplatten aus solidem lackiertem oder poliertem Holz herstellte. Lusty preßte das Geflecht zwischen Holz und Glas, um es sowohl flach und solide als auch sauber und pflegeleicht zu machen. Beide Hersteller produzierten auch Modelle mit ungeschützten Tischplatten aus ›Fibre‹-Geflecht. Bei den ganz frühen Entwürfen wurde metallverstärktes Lloyd-Loom-Geflecht zur Verkleidung der Bugholzbeine verwendet, wobei die verstärkten Stränge horizontal verliefen. Da diese Methode 1924 zugunsten der Umwicklung mit ›Fibre‹ aufgegeben wurde, sind solche Modelle selten. Bei Lusty wurden 1931 zwei Modelle in diesem Stil produziert, doch wurden ihre Beine nur locker mit dem Geflecht umkleidet und schienen sich so nach unten zu verjüngen. Beide waren bis auf die Größe identisch; das größere (Lustys Modell Nr. 132) war mit einer Fläche von 1 mal 1 Meter der einzige Tisch, der auch als Eßtisch verwendet werden konnte. Ansonsten waren Lloyd-Loom-Tische lediglich für die Teestunde gedacht, viele auch nur als Nachttische oder Beistelltische, auf denen wenig mehr als eine Lampe und ein Buch Platz fanden.

Obgleich das ›Fibre‹-Geflecht für ihre Herstellung schlecht geeignet war, hatten Lloyd-Loom-Tische großen Erfolg, weil sie gut zu den anderen Produkten paßten; daher wurden über hundert verschiedene Entwürfe hergestellt. Die meisten sind heute schwer zu finden. Auch ist, wie bei vielen Lloyd-Loom-Stücken, die Einschätzung der Entwürfe eine Frage des persönlichen Geschmacks. Design und damit Aussehen und ästhetischer Wert sind von ganz unterschiedlicher Qualität. Bei den hochwertigsten Modellen ist das gesamte Gestell mit ›Fibre‹ umwunden oder hat gedrechselte Holzteile bzw. Metallteile mit einem ähnlich wirkenden Muster. Das Loom-Geflecht wurde auch für Blenden unterhalb der Tischplatte verwendet. Bei einigen Lloyd-Modellen um 1930 waren diese mit ›Fitchwork‹ verziert.

◁ Seltener, früher Lusty-Beistelltisch, dessen Beine mit ›Fibre‹-Geflecht verkleidet sind, um 1922. Sammlung des Autors.

Typische Beistelltische aus Lustys ›Delux‹-Serie. 1922–40 wurden viele Varianten in verschiedenen Stilen und Größen hergestellt, die Mehrzahl war jedoch etwa 71 cm hoch.

Bei manchen Modellen von Lloyd wie auch von Lusty waren die Verstrebungen zwischen den Beinen mit eine Platte aus ›Fibre‹ bedeckt, so daß eine zusätzliche Abstellfläche unterhalb der Tischplatte entstand.

Die meisten hochwertigen Lusty-Tische hatten am unteren Teil der Beine eine kugelförmige Wölbung und waren mit Glasplatten versehen, die durch Messingklammern gehalten wurden. Lusty produzierte auch Tische mit polierten Hartholzplatten und 1931 sogar ein einzelnes Modell mit einer Platte aus gehämmertem Kupfer. Als Teil der ›Popular‹-Linie wurden auch preiswertere Modelle ohne Säume und mit fast nacktem Rahmen hergestellt. Im Vergleich zu den amerikanischen und Lustys hochwertigeren Modellen erscheinen sie sehr einfach. Ein Lloyd-Loom-Tisch, der kaum Geflecht oder sonstige Verzierungen aufweist, ist für Sammler wohl nur von geringem Interesse. Bedauerlicherweise sind Lustys ›Delux‹-Tische, obwohl sie zu Tausenden hergestellt wurden, heute nur noch schwer zu finden; die ›Popular‹-Versionen sind (im Gegensatz zu den entsprechenden Sesseln) kein angemessener Ersatz.

In den 20er Jahren waren die Möbel im allgemeinen größer als heute. Damals beherrschte der Fernseher noch nicht die Wohnungen, und zum Radiohören brauchte man keine gute Sicht. Doch die Zeiten ändern sich, und heute ist der niedrige Couchtisch die Regel. Leider wurden nur sehr wenige Tische in diesem Stil angefertigt. In Amerika gab es bis 1934 überhaupt keine niedrigen Tische, danach nur zwei Modelle: einen kleinen, rechteckigen Tisch (bis 1941) und ein rundes Modell (um 1939 bis 1941). Passend zur Mehrzahl der Lloyd-Produkte der 30er Jahre waren sie mit Jacquardmustern verziert.

Lusty erweiterte die Palette in den späten 20er Jahren um zwei niedrige Tische. Ihr Gestell war mit ›Fibre‹ umwickelt, und sie wurden bis 1940 als ›Delux‹-Modelle produziert. Ein Modell im Stil Jakobs I. mit gedrechselten Zierholzbeinen wurde kurzfristig (1932–34) in die Produktion aufgenommen. Gefolgt wurde es von einem Modell mit geschwungenen Beinen und runder Tischplatte (1935–40) und einem ähnlichen Modell mit viereckiger Platte (1938–40) sowie zwei zeitgenössischen Entwürfen (ebenfalls in der zweiten Hälfte der 30er Jahre), deren Beine mit ›Fibre‹-Geflecht verkleidet waren. Die frühen Lusty-Couchtische sind am begehrtesten, doch schwer zu finden, obwohl sie bis 1940 produziert wurden.

Oben und rechts: Verschiedene Lloyd-Tische der 20er und frühen 30er Jahre, darunter seltene Modelle mit ›Stick-Fibre‹- und ›Fitchwork‹-Details. Die meisten der nach 1931 hergestellten Tische waren mit Jacquardmustern verziert. Lloyds Tische waren im allgemeinen größer und wiesen häufiger Verzierungen auf – Lusty verwendete weder ›Stick Fibre‹ noch ›Fitchwork‹; die Durchschnittshöhe ist in etwa gleich.

▷ Seltener Lusty-Couchtisch, Modell Nr. 03A, 1927–40, 38 cm hoch. Es wurden nur wenige Lloyd-Loom-Couchtische hergestellt; dieses Modell ist einer der begehrtesten Entwürfe. Sammlung von Mr. Mark Birley, Mayfair, London.

ESSZIMMERSTÜHLE

Die meisten Lloyd-Loom-Möbel waren Sessel oder Sofas, da das ›Fibre‹-Geflecht am besten zu diesem Typ von Möbeln paßte. Eßzimmerstühle hatten im Vergleich dazu weitaus weniger Erfolg.

Lloyd produzierte nur wenige Eßzimmerstühle; abgesehen von sehr frühen Stücken mit poliertem Zierholzrahmen wurden die meisten passend zu den Schreibtischen der 20er Jahre angeboten und waren weniger für das Eßzimmer gedacht. Nach 1928 wurde ein Modell zusammen mit einem einzelnen Schreibtisch angeboten. Der Stuhl, der an der x-förmigen Verstrebung der Beine zu erkennen ist, wurde bis 1931 produziert. 1934 erschien ein weiteres Modell mit Jacquardmuster, das bis 1941 hergestellt wurde.

Lusty produzierte verschiedene Eßzimmer-, Kaffeehaus- und Schreibtischstühle, einige davon aufwendig gearbeitet und mit Armlehnen; die meisten waren einfacher und hatten eine viereckige oder runde, kastenförmige Sitzfläche und Rückenlehne, ähnlich dem sehr frühen Lloyd-Stuhl, der auf dem Foto (Seite 18) neben Marshall Lloyd zu sehen ist. Sie sind heute schwer zu finden. Von Zeit zu Zeit tauchen Einzelstücke auf, doch die zahlreichen Garnituren, die in den 60er Jahren aus verschiedenen Restaurants verbannt wurden und damals als passende Sets erhältlich waren, sind verschwunden. Garnituren, die aus mindestens vier passenden Stücken bestehen, müssen daher entsprechend hoch bewertet werden.

Nahaufnahme des Rahmens von Lustys ›Delux‹-Modell Nr. 8004 (1933–40). Es handelt sich um einen der beliebtesten Eßzimmerstühle, der auch mit Armlehnen produziert wurde (oben). Neben dem Tisch stehen zwei Eßzimmerstühle aus der ›Popular‹-Serie. Sammlung des Autors.

Schreibtische und Bücherregale

Der große Schreibtisch, der in Marshall Burns Lloyds Büro (Seite 19) zu sehen ist, ging nie in Serienproduktion, doch das kleinere Modell, an dem seine Sekretärin sitzt, gehörte zu den Stücken, die 1922 von Lloyd auf den Markt gebracht wurden. Die Schreibtischplatte, die mit einer niedrigen, geflochtenen Rückwand versehen war, die zwei Fächer für Stifte und andere Utensilien bot, ruhte auf einem Grundkörper auf kurzen, mit ›Fibre‹ umwickelten Beinen. Um 1926 wurde das Modell abgeändert; die Kanten des Grundkörpers wurden abgerundet und ein weiteres Fach in der Mitte der Rückseite angefügt. Diese Version wurde bis 1928 hergestellt. 1924 hatte Lloyd einen weiteren Schreibtisch entworfen. Er besaß einen niedrigeren Grundkörper aus ›Fibre‹-Geflecht sowie eine niedrigere Rückwand ohne Ablage und wurde, mit einer Abwandlung um 1929, bis 1932 produziert. In den beiden folgenden Jahren wurde in Amerika kein Schreibtisch angeboten, danach jedoch bis 1941 ein moderneres Modell mit Jacquardmuster.

Lusty kopierte die beiden frühen Lloyd-Schreibtische; 1937 verschwand die Version mit höherem Grundkörper; die andere wurde mit geschwungenen Beinen versehen und bis 1941 produziert. Alle Schreibtische hatten in der Mitte eine kleine Schublade; amerikanische Modelle besaßen eine Platte aus lackiertem oder poliertem Holz, die englischen Stücke waren, wie die meisten Tische, ganz mit ›Fibre‹-Geflecht überzogen und wurden wahlweise mit zusätzlicher Glasplatte angeboten.

Lloyds Schreibtisch war für die Serienproduktion zu groß, doch eine kleinere Version tauchte in den frühen 20er Jahren in Amerika und 1927 in London für kurze Zeit auf; letztere trug den Namen ›Library Table‹. Mit einem großen Fach unter der Platte und Bücherregalen an beiden Seiten des Grundkörpers war er der ideale, geräumige Tisch für eine Bibliothek. 1932

Lloyd-Schreibtisch, 1924–28, mit passendem Stuhl, 1928–32. Der Stuhl war auch als Eßzimmerstuhl zu verwenden, wurde aber nach 1926 von Lloyd nur noch als Schreibtischstuhl vertrieben.

◁ Lloyd-Schreibtisch und passender Stuhl (1934–41) mit Jacquardverzierungen; die polierte Holzplatte war im Gegensatz zu früheren Modellen nicht mit geflochtenem ›Fibre‹ eingefaßt.

wurde das Modell in abgewandelter Form, bei der das große Fach zum Teil entfernt wurde, um mehr Beinfreiheit zu schaffen, als Schreibtisch neu herausgebracht und bis 1934 hergestellt.

Bei Lusty wurde 1931 bis 1933 ein niedriges Bücherregal hergestellt. Es war mit zwei Fächern ausgestattet, die immerhin alle Bände einer Enzyklopädie faßten. Schreibtische und Bücherregale praktisch jeder Stilrichtung gehören zu den gesuchtesten Möbelstücken und sind daher im Vergleich zu anderen Stücken sehr teuer.

Lustys Versionen der frühen amerikanischen Lloyd-Loom-Schreibtische wurden um 1926–37 in London hergestellt. Sie ähnelten Lloyds Schreibtischen der 20er Jahre, hatten aber Laufrollen aus Messing und Tischplatten aus geflochtenem ›Fibre‹ (wahlweise mit Glasauflage). Die Version mit niedrigerem Grundkörper wurde 1937–40 mit polierten oder lackierten Beinen angeboten.

Wäscheboxen

Im Gegensatz zu den Tischen war das ›Fibre‹-Geflecht für Wäsche- oder Tragekörbe bestens geeignet. Körbe erforderten angesichts der natürlichen Festigkeit des metallverstärkten Materials nur ein Minimum an zusätzlichen Gestellteilen. Sie wurden auf Lloyds erstem, dem runden Webstuhl hergestellt und hatten, abgesehen von Prototypen sowie einigen der frühesten Modelle, weder Fugen noch Nähte. Wäscheboxen waren in England ein riesiger Erfolg und kamen in Hinblick auf die Produktionszahlen den Sesseln nahe oder übertrafen sie sogar. Heute sind sie noch immer die verbreitetsten Lloyd-Loom-Stücke in Europa. Lusty produzierte die Wäschebox in über 70 verschiedenen Designs und Varianten. Vor 1940 gehörte sie in England zu den üblichen Hochzeitsgeschenken, in Amerika war sie jedoch weit weniger erfolgreich.

Lloyd produzierte eine rechteckige Box mit gewölbtem Deckel für die erste Möbelkollektion. Sie wurde in unterschiedlichen Größen bis 1928 hergestellt. Dann erweiterte man die Serie um runde und dreieckige Modelle mit und ohne Deckel sowie ein viereckiges Modell ohne Deckel. Im folgenden Jahr verschwand die gesamte Serie (unverständlicherweise) aus dem Angebot. 1931 kam eine neue Kollektion rechteckiger Boxen mit flachem Deckel und sparsamen Jacquardverzierungen auf den Markt. Sie basierte auf einem einzigen Design, das in fünf Größen und mit drei verschiedenen Jacquardmustern angeboten wurde. Bei zwei Modellen verliefen die metallverstärkten Stränge horizontal, was einen stabilen Rahmen nötig machte. 1932 lief die gesamte Serie aus, um in Amerika nie wieder zu erscheinen. Angesichts des Erfolges in England, besonders in den 30er Jahren, scheint es dafür keinen logischen Grund zu geben. Die Lusty-Kollektion wurde in den 20er Jahren erweitert und umfaßte schließlich alle nur möglichen Formen: runde, rechteckige, drei-, vier-, fünf- oder sechseckige Boxen, solche mit gewölbter oder wellenförmig gebogener Vorderseite etc.; sämtliche Formen wurden in verschiedenen Größen angeboten. Darüber hinaus gab es gewölbte oder flache Deckel sowie Deckel mit Glasauflage oder Polsterung; die Boxen standen flach auf dem Boden auf oder waren mit kurzen, gedrungenen oder geschwungenen Füßen ausgestattet.

Man stößt heute auf fast allen größeren Antiquitätenmessen oder Flohmärkten in England auf Lusty-Loom-Wäscheboxen. Sie werden vielleicht gerade deshalb unter ihrem eigentlichen Wert gehandelt.

Die frühesten Boxen hatten kleine, ringförmige Messinggriffe am Deckel. Bei Lusty waren es bogenförmige Griffe aus Messing oder verchromtem Nickel mit solider Unterplatte, die bei einigen Stücken seitlich auch als Hebegriffe angebracht wurden. Die meisten Lusty-Designs der 30er Jahre wiesen andere, mit ›Fibre‹ umwickelte Griffe auf, und alle damaligen Modelle hatten einen Boden aus Holz oder Sperrholz. Heute sind die gewölbten Deckel am schwierigsten zu finden, da sie bei unsachgemäßer Lagerung oft eingedrückt wurden. Ebenfalls schwer erhältlich sind Boxen mit nieren- oder wellenförmiger Vorderseite oder mit Glasauflage; sie sind eine Investition wert, da sie wohl kaum je wieder produziert werden.

◁ Sammlung von Lusty-Wäscheboxen, die in Europa von allen Stücken der 20er bis 40er Jahre am einfachsten zu finden sind. Die Wäschebox war eines der erfolgreichsten Lusty-Produkte und wurde in den 30er Jahren in vielen Formen und Größen hergestellt.

▷ Hochwertige Lusty-Wäschebox mit bogenförmig geschwungener Vorderseite, Glasplatte und kurzen, gedrungenen Füßen, um 1936. Sammlung von Mr. Mark Birley, Mayfair, London.

products.

Papierkörbe

Tausende von Lloyd-Loom-Papierkörben wurden in 24 verschiedenen Modellen und Größen hergestellt. Als eher alltägliche Stücke aus der Lloyd-Loom-Palette sind sie vom Antiquitätenhandel weitgehend vernachlässigt worden und vielleicht daher extrem schwer zu finden. Sie ähneln den Wäschekörben insofern, als sie auf Lloyds originalem, rundem Webstuhl ohne Nähte im Geflecht gefertigt wurden. Die Papierkörbe sind eigentlich eine kleinere Ausgabe der Wäscheboxen ohne Deckel, obwohl auch größere Modelle hergestellt wurden.

Lloyd produzierte in den 20er Jahren nur ein einziges Papierkorbmodell, dessen Produktion 1932 auslief. Die übrigen 23 Modelle wurden von Lusty in London hergestellt. Zwischen 1927 und 1933 wurden Modelle mit kleinen Webmustern gefertigt, und 1934 führte Lusty ein neues, flacheres ›Fibre‹-Geflecht speziell für Papierkörbe ein. Bis 1940 wurden verschiedene Modelle mit dieser Variante wie auch mit dem Standardgeflecht produziert. Lusty bot zusätzliche ›Barbola‹-Verzierungen sowie die gegossene Version solcher Dekorationen an (siehe Seite 36), doch werden sie heute aufgrund ihrer Zerbrechlichkeit kaum mehr unversehrt zu finden sein.

◁ Wäscheboxen am Lusty-Stand auf der britischen Industriemesse des Jahres 1938. Mit freundlicher Genehmigung von Mr. I. W. Colby.

▽ Lusty-Papierkörbe der 30er Jahre; liegend ein Modell von 1934 mit flachem Geflecht.

Nachttische und Schränkchen

Lloyd produzierte vorwiegend Wohnzimmermöbel, doch Lusty erweiterte, vielleicht angesichts des erfolgreichen Verkaufs von Sesseln für englische Schlafzimmer, auch das Angbot für Schlafzimmer. Der Nachttisch ist ein weiteres Beispiel für eine Produktlinie, die sich in England gut verkaufte, in Amerika dagegen gar nicht produziert wurde. Lusty bot vierzehn verschiedene Schränkchen an, die besonders als Nachttische dienten. Im Hinblick auf die Verwendung können zwei Haupttypen unterschieden werden.

Zunächst gab es eine weitere Version der Wäschebox mit einer aufklappbaren Tür statt eines Deckels, so daß die Oberfläche als Standfläche genutzt werden konnte. Der andere Typ war für die Aufbewahrung des Nachttopfes gedacht, auf den die ältere Generation im England der 20er und 30er Jahre noch nicht verzichten wollte; diese Schränkchen hatten seitlich eingehängte Türen. Ein ähnliches Modell mit drei eingefügten Fächern war als Schuhschrank konzipiert.

Unabhängig von ihrem ursprünglichen Zweck können diese Schränkchen zur Aufbewahrung von verschiedenen Dingen wie etwa Büchern oder Zeitschriften dienen und daneben auch als Standfläche für Nachttisch- oder Wohnzimmerlampen genutzt werden. Lusty produzierte nach dem Krieg ähnliche Schränkchen, doch die Modelle aus der Zeit vor 1940 sind heute recht selten und nicht einfach zu finden.

Lusty-Loom-Möbel in einem Schlafzimmer, um 1936. Von links nach rechts: ein Schemel für den Frisiertisch, der beliebte Schlafzimmersessel mit geschwungenen Füßen, ein Nachttisch mit nach unten aufklappbarer Tür und zusätzlicher Ablage, eine Tischlampe und eine fünfeckige Wäschebox mit gedrungenen Füßen.

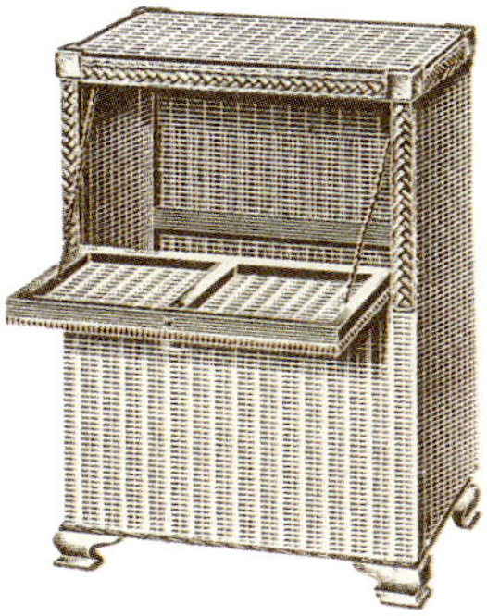

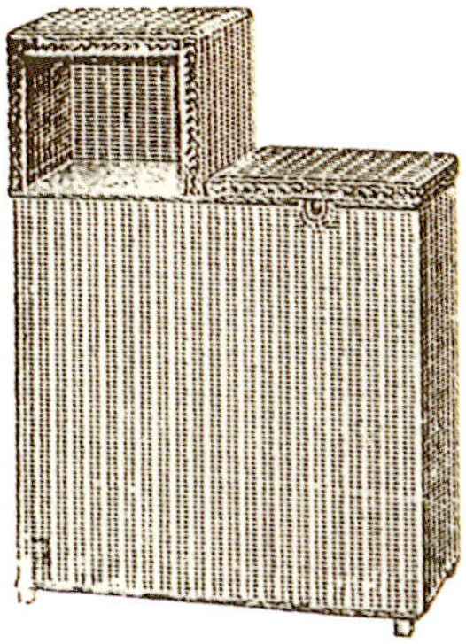

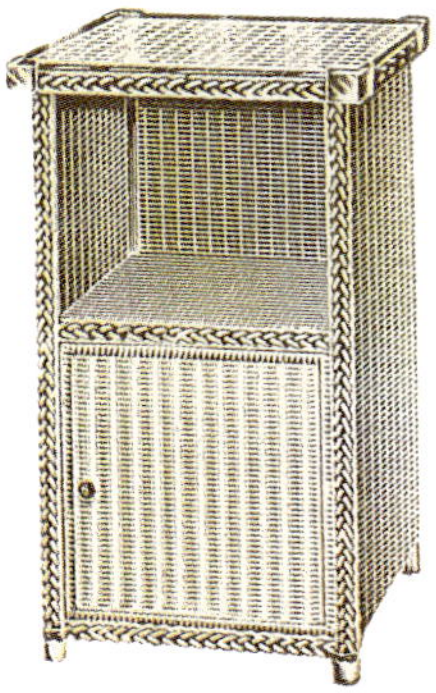

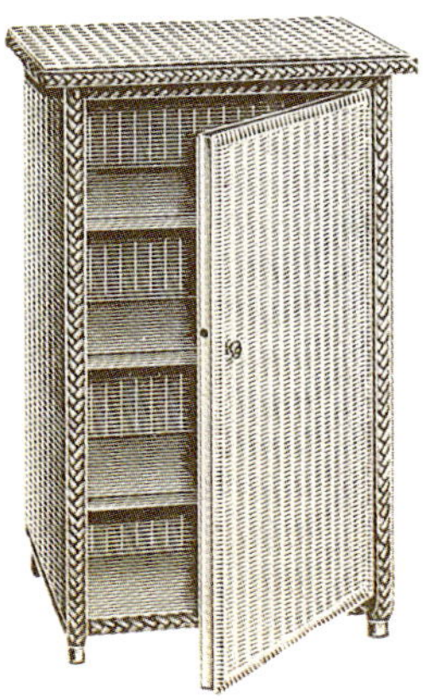

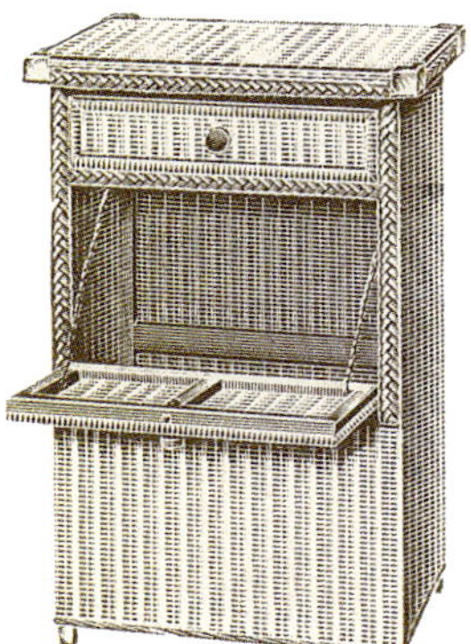

Möbeltruhen

Größer als die Wäscheboxen, wenn auch mit ihnen verwandt, waren Lustys aufklappbare Sitzbänke und Möbeltruhen. Sie wurden in Amerika nicht hergestellt. In den frühen 20er Jahren wurde ein rechteckiges, kastenförmiges Modell entworfen und in drei verschiedenen Größen bis 1928 produziert. Es hatte kurze Bugholzfüße und einen Deckel aus ›Fibre‹-Geflecht; das Innere war mit Stoff ausgeschlagen. Das Modell wurde ab 1935 auf Wunsch mit gepolstertem Deckel angeboten, um es auch als Sitzbänke verwenden zu können. 1938 wurde ein neuer Entwurf mit hölzernen Füßen und gepolstertem Deckel, der als Sitzfläche diente, eingeführt. Im folgenden Jahr ersetzte diese neue Version, wieder in drei Größen, die Originalmodelle mit geflochtener Oberfläche. Die Serie wurde außerdem um eine Version mit geschwungenen Beinen erweitert. Die späteren Modelle waren nur etwa ein Jahr lang – bis zur Zerstörung der Lusty-Werke – im Angebot. Die Stücke sind heute selten, wobei die früheren Modelle noch eher zu finden sind.

◁ Lusty-Schränkchen aus den 30er Jahren, die vor allem als Nachttische konzipiert waren. Die Modelle mit nach vorne aufklappbaren Türen waren gleichzeitig Wäscheboxen. Bei einem recht kuriosen Modell (rechts oben) war der Deckel der Wäschebox halbiert, um Platz für Wecker und Nachttischlampe zu bieten. Die übrigen Modelle hatten normale Schranktüren und waren ursprünglich für Nachttöpfe bestimmt. Ein Modell war mit drei Regalfächern für die Aufbewahrung von Schuhen ausgestattet. Die Oberfläche bestand aus ›Fibre‹-Geflecht, wahlweise mit Glasauflage.

▽ Lustys größte Ottomane bzw. Truhe, etwa 1,35 m lang, um 1924–38. Nach 1935 wurde das Modell wahlweise mit gepolstertem Deckel angeboten.

Tisch- und Stehlampen

Vor allem bei Lloyd wurden verschiedene Tisch- und Stehlampen produziert. Das früheste Design einer Lloyd-Loom-Tischlampe (um 1922) ist auf der Ablage der Couch in Lloyds Büro (Seite 18) zu sehen. Sie bestand aus Geflecht, das in einen lackierten Holzrahmen eingefügt war, ging aber wohl nie in Serienproduktion. Eine der frühesten Lampen aus dem Jahr 1923 hatte einen röhrenförmigen Schirm aus ›Fibre‹-Geflecht mit ›Fitchwork‹-Verzierungen am unteren Ende. Der flache, obere Rand war mit Seide über einen Metallrahmen gespannt, an dessen Fuß der Schirm befestigt wurde. Sämtliche Lloyd-Loom-Lampen nach 1925 hatten einen gewölbten Schirm.

Aus Lloyds Patent ist zu ersehen, wie dem ›Fibre‹-Geflecht durch Anfeuchten und Pressen der in einer Form festgespannten Flechtbahnen eine ovale oder runde Gestalt gegeben werden konnte. Es wurde anschließend in eine leichte Leimlösung getaucht und bewahrte so nach dem Trocknen seine Form.

Diese Bearbeitungsmethode wurde bei den runden Kinderwagen ebenso wie bei gewölbten Deckeln von Wäscheboxen und in größerem Umfang auch bei Lampenschirmen und -füßen angewendet. Schirm und Standfläche waren durch eine mit ›Fibre‹ umwickelte Metallstange oder eine hohle Bugholzstange verbunden.

Die gewölbten Tisch- und Stehlampen wurden 1924 eingeführt und ab 1926 in vier Versionen hergestellt. Es gab zwei ähnliche Tischlampen, doch war der Schirm der einen mit Seidenfransen versehen. Beide saßen auf runden Holzständern, die mit ›Fibre‹ verkleidet waren, das leicht gewölbt und mit einer Borte umrandet war. Die beiden Stehlampen hatten eine stärker gewölbte Standfläche. Der Schirm der einen ruhte wie bei den Tischlampen auf einer Mittelstange, die andere, die sogenannte ›Bridge Lamp‹, besaß einen dekorativen Haltearm aus poliertem Messing, der an der Spitze des Ständers befestigt war und am Ende seines Bogens den Lampenschirm hielt.

Diese frühen Modelle hatten an der Spitze des gewölbten Schirms einen kleinen Wulst, der 1928 verschwand, als die Kollektion leicht abgeändert wurde. Grund für die Änderung war das Problem, daß der geflochtene Schirm durch die Glühbirne versengt werden konnte. Nun hielten Metallstäbe den Schirm in sicherer Entfernung, wirkten sich aber nachteilig auf das Aussehen der Lampen aus. Sie waren bei einer Version durch Seidenfransen teilweise verdeckt, beeinträchtigten jedoch das Design der beiden anderen Modelle, eines davon mit viereckigem, lackiertem Fuß. Der Verkauf war deshalb stark rückläufig, und im folgenden Jahr wurde die gesamte Tischlampenserie bei Lloyd aus dem Programm genommen.

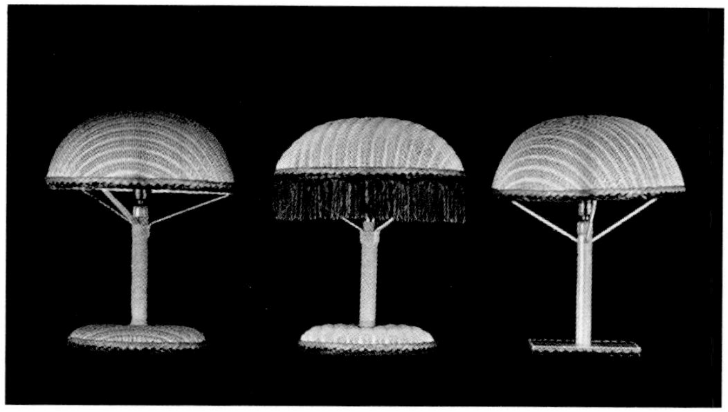

Lloyds Tischlampen aus dem Katalog von 1928. Das Metallgestell des Schirms war bei den früheren Modellen nicht so deutlich zu sehen.

Die beiden Stehlampen wurden in Amerika bis 1931 und bis auf eine ausgefallene Verzierung, die 1928 an der Standfläche und in der Mitte des Fußes angefügt wurde, unverändert weiterproduziert. Sie waren alle mit Seidenfransen versehen; die ›Bridge Lamp‹ war auch mit einem Pergamentschirm erhältlich, dem einzigen Teil eines Lloyd-Loom-Stückes, das nicht in der Fabrik selber hergestellt wurde.

Die drei Entwürfe der Lusty-Lampen basierten auf den amerikanischen Modellen und waren in der Tat sehr ähnlich. Eine elektrische Tischlampe (damals hatten noch nicht alle Haushalte elektrisches Licht) wurde 1928 eingeführt und bis 1940 hergestellt. Sie hatte einen handgeflochtenen, trichterförmigen Fuß (siehe Blumenvasen, Seite 111). Die frühen Modelle besaßen Messingkettchen zum Ein- und Ausschalten, die aber 1937 verschwanden.

Lustys Stehlampen waren Kopien der amerikanischen ›Bridge Lamp‹ – mit einer ausgefallenen, verstellbaren Halterung aus Messing – wie auch der einfacheren Version mit Mittelfuß. Anders als die amerikanischen Modelle hatten beide Stehlampen einen zusätzlichen Dreifuß oberhalb der gewölbten Standfläche (siehe Fotografie Seite 110). Lusty nahm die ›Bridge Lamp‹ 1932 aus dem Programm, aber die Stehlampe mit Mittelfuß wurde wie die Tischlampe weiterproduziert. Alle drei Entwürfe Lustys hatten Seidenfransen und konnten auf Wunsch mit einer Seideneinfassung des Schirms bestellt werden. Heute gehören die Lampen, besonders das ›Bridge‹-Design und die Tischlampen, zu den seltensten Lloyd-Loom-Stücken in Europa.

◁ Lloyds ›Bridge Lamp‹ und ein ovaler Tisch, beide um 1929, in einem Haus in Menominee. Die Lampe wurde auch mit einem (nicht von Lloyd produzierten) Pergamentschirm angeboten. Lusty kopierte das Design Mitte der 20er Jahre. Bei Lloyd verschwand es 1931 aus dem Programm, bei Lusty ein Jahr später. Privatsammlung.

◁ Lusty-Loom-Tischlampe, 53 cm hoch, mit handgeflochtener Standfläche und Seidenfransen, um 1928–40.

▷ Kollektion der Lusty-Körbe für Trockenblumen und Obst. Diese ungewöhnlichen Lloyd-Loom-Stücke wurden in den frühen 30ern nur wenige Jahre lang produziert.

In einem Wohnzimmer mit Eichentäfelung sind Lustys Stehlampe (um 1928–40), ein Couchtisch mit geschwungenen Beinen (1935–40) und ein Beistelltisch zu sehen, der als Bücherablage verwendet werden konnte und auch mit runder Oberfläche produziert wurde (1934–40).

Teewagen, Tabletts und Kuchenständer

Beim amerikanischen Lloyd-Loom-Teewagen wurden die Räder des Lloyd-Kinderwagens verwendet. In Menominee wurden von den frühen 20er Jahren bis 1929 verschiedene Ausführungen eines einzigen Designs produziert. Der Teewagen hatte an einem Ende einen Griff, am anderen zwei große Räder, außerdem ein großes, abnehmbares Tablett mit einer Halterung für Flaschen an der einen Seite, und bot auf dem unteren Boden zusätzlich eine geräumige Standfläche. Er war eine ideale, transportable Getränkebar.

Lusty stellte vier verschiedene Typen von Teewagen her, die kleiner als die amerikanischen und mit vier Rädern ausgestattet waren. Zwei von ihnen waren eigentlich leicht abgewandelte Tischentwürfe, einer davon rund (1927–32), der andere sehr ähnlich, aber oval (1927–34). Ein rechteckiges Modell besaß eine polierte, tablettartige Holzoberfläche, das untere Fach war mit einer Holzblende versehen, um darin aufbewahrte Gegenstände am Herausfallen zu hindern. Es wurde zwischen 1928 und 1933 in zwei Größen angeboten und danach durch eine weniger aufwendige, preisgünstigere Version ersetzt, die bis 1940 hergestellt wurde.

Lusty produzierte auch ein einzelnes, tragbares Teetablett (1929–34) und einen Kuchenständer (1928–40). Die traditionelle englische Teestunde war für das Unternehmen offenbar wichtig; in Amerika war sie nicht üblich, daher wurden die beiden letztgenannten Stücke von Lloyd nicht hergestellt. Alle diese Stücke sind heute sehr begehrt.

Blumenvasen

Lustys Blumenvasen und Blumenkörbe waren die vielleicht außergewöhnlichsten Lloyd-Loom-Produkte. Sie scheinen aus dem normalen ›Fibre‹-Geflecht (nicht etwa aus ›Stick Fibre‹) zu bestehen, wurden aber nach Lloyds ursprünglichem Patent, das vor dem Webstuhl datierte, und somit von Hand gefertigt. Auch der Standfuß der Lusty-Tischlampen war handgearbeitet. Dieser offensichtliche Rückschritt (die Stücke entstanden erst um 1931) war vermutlich das Ergebnis von Lustys Entscheidung für eine kompliziertere Konstruktion der englischen Lampenfüße im Vergleich zu den amerikanischen. Das Material wurde dabei von Hand geflochten. Lusty versuchte nun, diesen Herstellungsprozeß auch auf andere Produktlinien auszuweiten. Die Tischlampen wurden bis 1940 produziert, Blumenvasen jedoch nur bis 1934. Insgesamt gab es sechs verschiedene Formen, die vermutlich für Trockenblumen bestimmt waren, da sie kein wasserdichtes Innenstück besaßen. Sie waren 30 bis 50 cm hoch. Außerdem wurden zwei große Obstkörbe hergestellt. Man kann in England, vor allem in Trödelläden und auf Antiquitätenmärkten, viele Korbwaren finden, doch Lloyd-Loom-Obstkörbe oder Blumenvasen sind selten.

Lloyd-Teewagen der 20er Jahre, dessen Räder den Einfluß des Kinderwagens erkennen lassen.

Hut- und Schirmständer

Lusty produzierte 1928 einen Hutständer, der aus mit ›Fibre‹ umwickeltem Bugholz bestand und mit den ringförmigen Messingkappen ausgestattet war, die normalerweise den Abschluß der Sesselfüße bildeten. 1932 wurde eine weitere Version mit einer ringförmigen Schirmhalterung und einem Metallbecken hinzugefügt, das unter den Ständer gestellt wurde, um das abfließende Wasser aufzufangen. Bei keinem der Ständer, die bis 1940 im Programm waren, wurden die üblichen Flechtbahnen verwendet.

Zwischen 1934 und 1937 wurde von Lusty ein einzelner Ständer für Schirme und Spazierstöcke produziert, der eigentlich die Abwandlung einer Wäschebox mit kurzen, gedrungenen Füßen darstellte, doch ohne Deckel und mit einem vierteilig gegliederten Inneren. In Amerika wurden keine derartigen oder ähnlichen Stücke produziert. Bei Sammlern von Hüten oder Spazierstöcken sind diese Stücke heute sehr beliebt, ebenso bei den Anhängern spezieller Lloyd-Loom-Artikel.

Zeitungsständer

Lloyd bot 1929 bis 1932 einen Zeitungsständer an, der als einziges Stück aus Menominee von Lusty nicht übernommen wurde. Er war rechteckig mit einem hölzernen Mittelstück, in das ein Handgriff eingelassen war, und zeigte an beiden Seiten ein eingeflochtenes Motiv. Er ist sehr selten, da er nur wenige Jahre und ohne weitere Varianten produziert wurde.

Seltener Lloyd-Zeitungsständer mit zwei Fächern; er wurde von Lusty nicht übernommen.

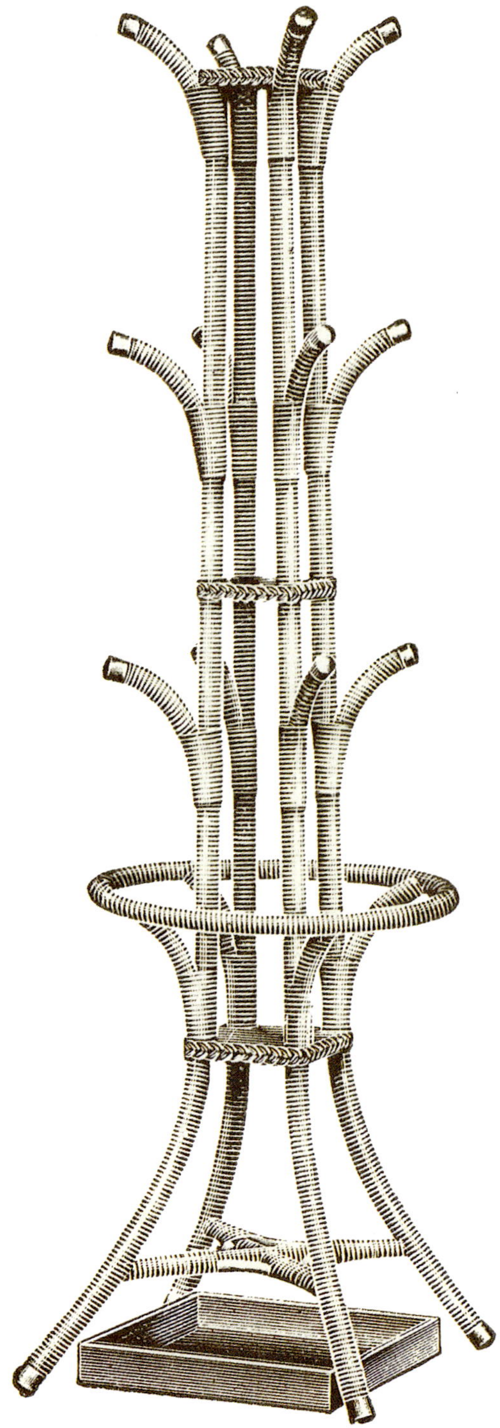

Lustys kombinierter Hut- und Schirmständer, 1932–40. Die viereckige Metallschale für abtropfendes Wasser war bei traditionellen Holzständern normalerweise eingebaut, stand in diesem Falle jedoch einfach darunter auf dem Boden und ist heute wohl kaum mehr zusammen mit einem solchen Ständer zu finden.

Hocker

Lloyd produzierte gepolsterte Hocker nur für die Umwandlung von Clubsesseln in Chaiselongues, wenn auch in den 20er Jahren mehrere Modelle in unterschiedlichen Größen passend zu verschiedenen Sesseln hergestellt wurden. Sie waren rechteckig und hatten eine abgerundete und eine eckige Seite, die genau an den Sessel paßte. 1929 wurde ein Einzelmodell mit einer schmalen Verzierung im Jacquardmuster entworfen und bis 1933 produziert. Danach wurden in Amerika keine weiteren Hocker oder Varianten der bestehenden angeboten.

Lusty stellte neben einem gepolsterten Fußhocker ähnlich dem amerikanischen (wie bei den Sofas beschrieben) verschiedene andere Typen von Hockern her. Zwei Grundmodelle hatten Sitze aus Lloyd-Loom-Geflecht. Ein rundes Modell wurde von den späten 20er Jahren bis 1940 produziert, und mit einem klassischen Bugholzgestell auch als Eßzimmerstuhl (mit zusätzlicher Rückenlehne) gefertigt. Eine höhere Version wurde zwischen 1937 und 1940 als Barhocker angeboten. Der zweite Lusty-Hocker mit Bugholzgestell wurde zwischen 1932 und 1940 produziert. Er war rechteckig mit einer in der Mitte leicht abgesenkten Sitzfläche. Er wurde 1937 bis 1938 auch mit einem Stahlrohrgestell angeboten.

Etwa neun andere Lusty-Hocker hatten kastenförmige, gepolsterte oder aus Kork bestehende Sitze und waren eigentlich Abwandlungen der Wäschboxen und Truhen.

△ Lustys runder ›Delux‹-Hocker mit Bugholzrahmen, 1928–40. Er wurde auch höher als Barhocker angeboten.

▽ Sehr seltener, länglicher Lusty-Schemel aus den 30er Jahren, der den Fußhockern ähnelt, mit denen Sesselmodell Nr. 60 in eine Chaiselongue verwandelt werden konnte.

Nähkästen und Nähschränkchen

Lusty produzierte zwölf verschiedene Nähkästen. Sie waren rund, quadratisch oder rechteckig und mit Stoff ausgeschlagen und wiesen Fächer oder einfach aufgenähte Bänder zur Aufbewahrung von Scheren, Nähnadeln, Maßbändern und anderen Dingen auf. Die Produktion wurde 1926 aufgenommen. Es gab vier Körbe, drei davon mit Deckeln aus ›Fibre‹-Geflecht, die sehr niedrigen Wäscheboxen ähnelten, sowie einen Korb mit einer weichen Oberfläche aus geripptem Stoff, der wie ein Kleidersack verschlossen wurde.

Nähkästen wurden auch als Möbelstücke mit Bugholzfüßen angeboten, wie sie bei Lustys besten ›Delux‹-Tischen zu finden waren. Der weiche Kasten mit der Stoffoberfläche und die Version mit Beinen wurden 1933 aus dem Programm genommen. Es gab auch Modelle, deren Standbeine mit ›Fibre‹-Geflecht umkleidet waren, so daß sie Wäscheboxen ähnelten, an deren Körper allerdings eine rechteckige Öffnung vorhanden war. Eine runde Version dieses Designs lief 1937 aus, doch die anderen Entwürfe waren offenbar sehr beliebt und wurden bis 1940 produziert. Während die runde Version 1937 verschwand, wurde die Serie um zwei viereckige Modelle erweitert. Eines von ihnen hatte kurze, gedrungene, hölzerne Füße, das andere eine einzelne, an der Unterseite eingehängte Tür, die sich herunterklappen ließ.

Sämtliche Nähkästen und -schränkchen sind heute sehr selten oder zumindest schwer zu finden, besonders mit intakter Stoffbespannung. 1939 produzierte Lusty eine ›Slipper Box‹. Dieser Pantoffelkasten blieb nur wenige Monate im Programm und ist heute, wie so viele andere Stücke, eine Rarität; manchmal wird er fälschlicherweise als Nähkasten mit fehlender Innenausstattung angesehen. Er ähnelt den einfachen, rechteckigen Nähkästen, es gibt jedoch gewisse Unterscheidungsmerkmale. Bei sämtlichen Nähkästen waren die Kanten der metallverstärkten Stränge seitlich umgeflochten und Borten nur am Deckel zu finden. Die Oberkante des Pantoffelkastens war jedoch mit einer zusätzlichen Borte versehen, so daß der geschlossene Kasten zwei parallele Borten aufwies. Bei Lloyd in Amerika wurde keiner dieser Artikel produziert.

◁ Lusty-Nähkästchen auf Beinen, Modell Nr. 5D, 1928–40. Das Exemplar aus dem Jahr 1930 wurde restauriert und ist in nahezu perfektem Zustand. Sammlung des Autors.

▷ Einfacher Lusty-Ofenschirm aus den 30er Jahren mit gegossener, handbemalter ›Barbola‹-Blumenverzierung. Diese Art der Dekoration ist sehr zerbrechlich und daher selten in intaktem Zustand zu finden. Sammlung von G. Mancha.

Ofenschirme

1937 wurde bei Lusty ein Ofenschirm produziert, der einfach aus einer Platte aus ›Fibre‹-Geflecht bestand, die auf gabelförmigen Füßen saß. Die Unterseite war eckig, die beiden Oberkanten abgeschrägt. Ein Ofenschirm mit abgerundeter Oberkante wurde 1939 eingeführt, und beide Modelle blieben bis 1940 im Angebot. Der Ofenschirm wurde in Amerika nicht hergestellt. Lustys Modell war extrem einfach, die Lackierung wurde aufgesprüht. Das Unternehmen nutzte den Ofenschirm, um das Angebot an handbemalten, gegossenen Verzierungen der preisgünstigeren Version der ›Barbola‹-Technik zu erweitern. Wäre die Fabrik nicht zu Anfang des Krieges zerstört worden, hätten solche Verzierungen die teureren, handmodellierten ›Barbola‹-Details ersetzt. Doch nach dem Krieg mußte die Fabrik wieder aufgebaut werden und die Produkte waren entsprechend der schlechten Wirtschaftslage schlichter konzipiert, so daß keine dieser Verzierungen je wieder auftauchte. Die meisten Ofenschirme wiesen gegossene Verzierungen auf, doch aufgrund ihrer Zerbrechlichkeit sind nur wenige bis heute intakt geblieben.

Blumenständer

In den 20er und 30er Jahren wurde bei Lloyd und auf diese Anregung hin auch bei Lusty eine Vielzahl von Blumenständern produziert. Sie waren vor allem in Amerika, wo die Mehrzahl hergestellt wurde, äußerst beliebt. Zwei der frühesten Designs sind in Lloyds Büro (Seite 18 und 19) zu sehen. Der Entwurf neben Lloyds Couch bestand aus Teilen von ›Fibre‹-Geflecht, die in einen Holzrahmen eingefügt waren. Er ist originell, ging aber wohl nie in Serienproduktion. Das andere Modell wurde auf dem runden Webstuhl gefertigt und ähnelte den Kinderwagen; es war länglich und besaß ein geschweiftes, mit ›Fibre‹ umwickeltes Bugholzgestell. Dieses Modell war einer der frühesten Blumenständer Lloyds und wurde zwischen 1922 und 1924 produziert. 1923 wurde das Blumengestell auch von der ›Lloyd-Sello Fibre Company‹ in Fulda hergestellt. Der Kasten aus ›Fibre‹-Geflecht war sehr groß und tief und hatte eine abgerundete Gestalt. Dieser Stil wurde jedoch zugunsten einfacherer Designs aufgegeben. Sämtliche Modelle nach 1925 besaßen kleinere, viereckige, rechteckige oder runde Körbe für die Pflanzen, die auf einem Gestell mit vier geraden Beinen saßen oder Beine aufwiesen, deren unterer Teil aus Gründen der Stabilität nach außen gespreizt war. Die runden und viereckigen Modelle verschwanden 1929, und in den 30er Jahren wurden bei Lloyd nur noch rechteckige Blumenständer produziert.

Lustys englische Kollektion basierte auf den amerikanischen Modellen aus der Zeit um 1926. Es gab drei Blumenständer mit runden Körben, von denen zwei bis zum Ende der 30er Jahre produziert wurden. Das Modell mit dem größten Korb verschwand 1937. Diese runden Modelle ähnelten den Lusty-Papierkörben auf einem Bugholzgestell, doch waren die Gestelle zumindest völlig mit ›Fibre‹ umwunden, und die Stücke wiesen eine große Standfestigkeit auf. Runde Blumenständer wurden von Lusty auch in den 50er Jahren produziert und gehörten zu den wenigen Nachkriegsmodellen mit ›Fibre‹-umwickeltem Bugholzgestell. Sie hatten jedoch im Gegensatz zu den früheren Modellen zwischen den Beinen keine Verstrebungen aus gedrechseltem Bugholz im ›Fibre‹-Look und ähnelten daher eher Papierkörben auf vier Beinen.

Bei den quadratischen und rechteckigen Modellen war die Rahmenstruktur mit ›Fibre‹ verkleidet und bildete so eine Einheit mit dem Korb. Die Beine ragten leicht über die Oberkante und waren durch eine Leiste in Form halbierter Perlen als Abschluß der Kante verbunden. Von jeder dieser Formen wurde bei Lusty ein Entwurf in zwei Größen angeboten. Die etwas breiteren Versionen verschwanden 1937 aus dem Programm, die anderen blieben bestehen. Zwischen 1935 und 1940 wurden zwei ›Popular‹-Versionen produziert, deren Bugholzbeine nicht mit ›Fibre‹ umwickelt waren.

Lusty bot zwischen 1932 und 1940 auch einen recht exzentrischen Blumenständer an. Er besaß wieder die runde Form im Stil eines Papierkorbes, hatte jedoch einen ungewöhnlichen, gezackten Rand und saß auf vier langen hölzernen Beinen im

Typische Lloyd-Blumenständer aus den 20er Jahren. Sie wurden in vielen verschiedenen Stilen und Größen und sogar (um 1930) mit ›Stick-Fibre‹- oder ›Fitchwork‹-Verzierungen oder mit eingeflochtenen Webmustern produziert.

◁ Rechteckiger Lloyd-Blumenständer mit ›Fitchwork‹-Details, die an Lusty-Blumengestellen nicht zu finden sind, 1929–31. Privatsammlung.

Queen-Anne-Stil, die nicht wie die anderen Modelle durch kreuzförmige Verstrebungen verbunden waren. Dies gab ihm das Aussehen eines seltsamen Insekts.

Blumenständer gehörten zu den erfolgreichsten Lloyd-Produkten; am beliebtesten waren zweifellos die rechteckigen Modelle, die in über fünfundzwanzig Versionen hergestellt wurden. Einige Variationen verschwanden, um später mit leichten Veränderungen in der Größe wieder aufzutauchen. Es ist daher bei manchen Modellen schwierig, das genaue Herstelldatum festzulegen, doch hat die Mehrzahl bestimmte Merkmale, die eine ziemlich genaue Datierung erlauben. Am leichtesten sind Modelle mit ›Stick Fibre‹-, ›Fitchwork‹- und Jacquardverzierungen oder eingewebten Mustern zu datieren. 1930 bis 1931 wurden zwei Entwürfe mit Körpern aus ›Stick Fibre‹ hergestellt. Viele amerikanische Konkurrenten Lloyds produzierten Blumengestelle aus ›Stick Fibre‹, doch bestand der entscheidende Unterschied darin, daß die Lloyd-Loom-Stücke nicht um den Rahmen geflochten waren, sondern das separat hergestellte ›Stick Fibre‹-Geflecht aufgenagelt wurde. 1929 bis 1931 wurden drei Modelle mit ›Fitchwork‹-Details an der Unterseite des Blumenkastens produziert.

Modelle mit kleinen, eingewebten Flechtmustern wurden von 1929 bis 1931 angefertigt; nach 1929 waren alle Blumenständer mit einem Jacquardmuster verziert, das um den gesamten Blumenkasten lief. Die frühesten Modelle wiesen überhaupt keine derartigen Verzierungen auf. Zwei Modelle ragen durch besondere Details heraus: ein Entwurf von 1930/31 mit sechs gedrechselten Holzbeinen (der einzige Blumenständer mit Zierholzrahmen) und ein Modell von 1929 mit doppelt breiten Füllsträngen im ›Fibre‹-Geflecht. Solche Stränge wurden in der Jacquardtechnik benutzt, um die Einheit des Geflechts zu durchbrechen, hier bestand jedoch der gesamte Blumenkasten aus dieser Art von Geflecht.

Bei Modellen, die nach 1931 entstanden, hatte die Jacquardverzierung (Füllstränge in doppelter Breite) die Form eines Bandes, das um die Mitte des Blumenkastens lief. Bei sämtlichen Modellen war dieses Band teilweise bemalt, um ein dekoratives Motiv zu erzeugen und den Unterschied in der Gewebestruktur hervorzuheben. Dieses Detail ging jedoch oft verloren, wenn die Stücke neu lackiert wurden. Blumengestelle verschwanden danach für drei Jahre (1932 bis 1934), wurden dann aber wieder aufgenommen und bis 1941 produziert. Lloyd-Loom-Blumenständer sind in Amerika leichter zu finden als in Europa, wo sie heute eher selten sind, besonders die rechteckigen Modelle.

◁ Zwei ›Delux‹-Blumenständer von Lusty, die ab Mitte der 20er Jahre bis 1940 hergestellt wurden, heute aber schwer zu finden sind.

◁ Sehr seltener, früher Lusty-Kindersessel, um 1922. Sammlung des Autors.

Kindermöbel

Antike Kindermöbel jeglicher Art sind meist sehr beliebt, da sie detailgetreue Miniaturversionen der großen Stücke darstellen. Lloyd-Loom-Kindermöbel bilden hier keine Ausnahme: Selbst ein mit allen Wassern gewaschener Sammler schmilzt beim Anblick eines Kindersessels dahin. Lustys Palette von Kindermöbeln umfaßte mindestens vierundzwanzig Stücke. Meist waren es kleinere Ausgaben der normalen Sessel, es gab jedoch auch drei Sofas und sechs Miniaturtische. Die Sessel und Sofas hatten exakt die gleich Bauweise wie die großen, waren aber aufgrund der viel geringeren Größe schwieriger und damit teurer in der Herstellung. Frühe Sitzmöbel oder spätere ›Delux‹-Modelle für Kinder kosteten etwa siebzig Prozent der großen Möbel, und Lustys normale ›Popular‹-Sessel waren oft gleich oder sogar günstiger im Preis als diese Kindermodelle.

Die Aprilausgabe der Zeitschrift *Ideal Home* aus dem Jahr 1934 enthielt einen Artikel über Kinderzimmermöbel; darin wurde auch ein Teil der Lloyd-Loom-Kindermöbelkollektion jenes Jahres vorgestellt. In der Einleitung hieß es: ›Sie sollten Ihr Kinderzimmer auf keinen Fall mit zu vielen schweren Möbelstücken vollstopfen.‹ Es folgte ein Loblied auf die Lusty-Serie: ›Hygiene und Komfort sind bei diesen Lloyd-Loom-Kindermöbeln vereint mit einem hübschen Aussehen, schönen Farben, Stabilität und Sicherheit.‹ Im England der 30er Jahre hatten nur relativ wohlhabende Familien separate Kinderzimmer; für eine Durchschnittsfamilie hätte selbst der Kauf eines einzigen dieser Möbelstücke eine Extravaganz dargestellt, so daß sie nicht in größerem Umfang hergestellt wurden.

1938 erweiterte Lusty das Angebot durch einen preiswerteren Kindersessel. Das Modell ließ die Nachkriegsformen erahnen und wurde als erster Lusty-Sessel mit Polstersitz (keines der Kindermöbel besaß Sprungfedern) und ohne Vorderverkleidung gefertigt. Sogar die Messingbeschläge der Füße, die zum Standard der Produkte der Blütezeit gehörten, wurden nur auf besonderen Wunsch angeboten, so daß die Stücke leicht mit Nachkriegsprodukten verwechselt werden können.

In den frühen Dreißigern wurde wahlweise eine Spieldose unter dem Sitz angeboten, die beim Hinsetzen zwei verschiedene Melodien ertönen ließ. Sie verschwand Mitte der 30er Jahre, tauchte aber in den 50er Jahren an den Verstrebungen der Schaukelstühle wieder auf. Der einfache Mechanismus wurde leicht überdreht oder beschädigt, und die Spieldosen sind heute, vor allem in intaktem Zustand, selten.

△ Kinderarmsessel ›Delux‹-Modell Nr. 100, 1928–40. Sammlung von Jamie Seidl-Curtis.

Oben rechts: Nachkriegsexemplar des ›Popular‹-Modells Nr. 7103, ursprünglich 1932–40. Sammlung von Aimee Wood.

Unten rechts: Lustys Kinderarmsessel ›Delux‹-Modell Nr. 109, 1926–40. Sammlung des Autors.

◁ Lloyds Kindersofa mit Sessel, um 1925. Eines der frühesten Reklamefotos für die Kindermöbelkollektion.

Die besten Miniaturtische waren zwei ›Delux‹-Modelle, eine runde Version, deren Gestell mit ›Fibre‹ umwickelt war (1926–40), und ein viereckiges Modell mit gedrechseltem Bugholzrahmen (1926–37). Vier weitere Tische mit eckigen Holzbeinen wurden in den 30er Jahren produziert, zwei rechteckige und zwei runde, die sich in der Größe leicht unterschieden. Sie können heute für kleine Kaffeetische gehalten werden (obgleich sie keine Glasauflage hatten), sind jedoch ebenso selten wie die großen Lusty-Kaffeetische.

Auch bei Lloyd in Amerika wurden Kindertische produziert. Sie hatten eine Platte aus geflochtenem ›Fibre‹, die an den

Beinen in einer längeren V-Form auslief. Es gab ein rundes Modell (1925–27) und eine größere, ovale Version (1925–28). 1928 wurde der ovale Tisch als Teil einer kompletten, sechsteiligen Garnitur für Kinder angeboten, die außerdem aus Sessel, Schaukelstuhl, Sofa, Tischlampe und Blumenständer bestand. Die Tischlampe und der Blumenständer für Kinder wurden nur 1928 und 1930 hergestellt und von Lusty in London nicht übernommen; sie gehören daher zu den wohl seltensten unter den Lloyd-Loom-Kindermöbeln.

Lloyds Palette an Kindersesseln war enorm, es gab zwischen 1925 und 1940 über sechzig Modelle in einer unglaublichen Vielzahl von Größen. Dahinter steckte scheinbar die Absicht, Sessel jeder Form und Größe für Kinder zwischen zwei und acht Jahren anbieten zu können, die in Amerika auch tatsächlich sehr beliebt waren. Einige Details sind hilfreich für die Datierung. Lloyds früheste Kollektion von Kindersitzmöbeln kam 1925 auf den Markt, obwohl möglicherweise auch schon vorher einige Modelle existierten. Ursprünglich wurden wie bei den großen Möbeln dreiteilige Garnituren als exakte Kopien der normalen Sitzgruppen angeboten. Sie hatten anfangs geflochtene oder wahlweise auch gepolsterte Sitze und immer geflochtene Vorderblenden ohne jegliche Verzierungen. 1928 wurden gepolsterte Sitze eingeführt, deren Polsterung sich auch auf die vordere Blende erstreckte. Einige Modelle hatten weiterhin

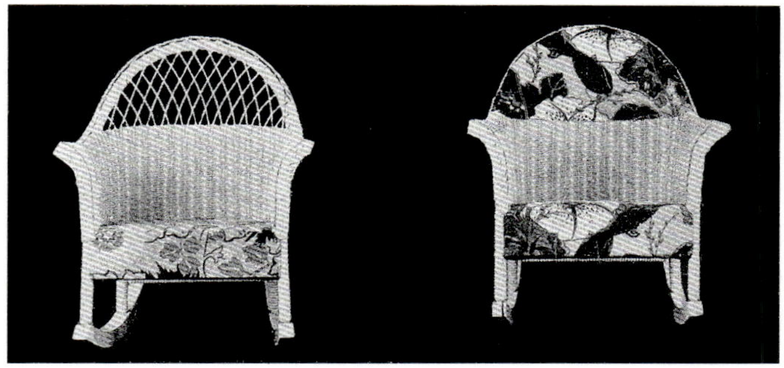

Lloyds Kindersessel mit ›Fitchwork‹ bzw. Polster an der Rückenlehne, beide um 1928.

◁ Teil der Lloyd-Kinderzimmergarnitur mit Miniaturlampe und Blumenständer, 1928–30.

geflochtene Verkleidungen, die aber ab 1930 mit Jacquardmustern versehen waren. Alle Kindersessel zwischen 1932 und 1940 wiesen Jacquardverzierungen auf. Lediglich 1928 wurde auch ein Kindersessel mit ›Fitchwork‹-Verzierungen am oberen Teil der Rückenlehne angeboten. Im selben Jahr wurde ein ähnliches Modell mit Polsterung statt ›Fitchwork‹ entworfen, der einzige Kinderstuhl mit gepolsterter Rückenlehne.

1930 verschwanden die Kindermöbel aus dem Angebot Lloyds, mit Ausnahme des Schaukelstuhls, der bis 1940 in vielen leicht unterschiedlichen Formen und Größen hergestellt wurde.

Sämtliche Lloyd-Loom-Kindermöbel stehen hoch im Kurs; besonders in Europa sind sie mindestens genauso teuer wie qualitativ hochwertige, normale Modelle.

◁ Kinderzimmerausstattung von Lusty, um 1938. Die ›Popular‹- und ›Delux‹-Modelle sind mit aufgemalten Schablonenmustern verziert, die nicht in Produktion gingen, doch waren andere Muster als Extras erhältlich.

▷ Typischer Lloyd-Kinderstuhl aus den 30er Jahren mit Jacquardmuster, der in unterschiedlichen Größen und mit verschiedenen Mustern hergestellt wurde. Sammlung des Autors.

DO NOT REMOVE THIS TAG
Under Penalty of Law. This Article Contains All New Materials
No.
Uph.
Color
Dec.
Control
Baby and Doll Carriages; Furniture
WHEN WRITING
MENOMINEE, MICHIGAN
The
Lloyd Loom Products
PATENT PROCESS
Pat. Process
Lloyd LOOM Products
Baby Carriages & Furniture
MENOMINEE, MICHIGAN
OTHER PATENTS PENDING

Datierung der Lloyd-Loom-Produkte

Das Jahr 1922 ist der Ausgangspunkt für die Datierung der Lloyd-Loom-Möbel. In jenem Jahr wurde Lloyds erste vollständige Möbelkollektion auf dem amerikanischen Markt eingeführt, und Lusty nahm in England die Produktion auf. Vermutlich stellte Lloyd nach der Patentierung seines neuen Produktionsverfahren zwischen 1918 und 1920 verschiedene Prototypen her und begann sie 1920 bis 1922 probeweise zu vermarkten, doch sind solche Prototypen – wie auch die übrigen Möbel aus den frühen 20er Jahren – extrem selten.

Lloyd-Loom-Möbel werden seit fast siebzig Jahren hergestellt und heute als neuentdeckte Klassiker wieder in großem Umfang und sicher auch auf lange Sicht produziert. Für Sammler ist es von großem Vorteil, daß die Möbel aus den Jahren 1920 bis 1940 recht einfach und genau datiert werden können. Im Falle der Lusty-Möbel kann bei vielen sogar der Monat, wenn nicht gar der genaue Tag des Entstehungsjahres festgestellt werden. Man kann selbst die Namen der an der Herstellung beteiligten Handwerker finden. Bei Sammelobjekten wie Silber oder Porzellan mag dies üblich sein, doch gibt es wohl kaum weitere Möbelantiquitäten aus der Vorkriegszeit, bei denen dies möglich ist.

Lloyds Metallplakette mit dem Warenzeichen neben einem Papieretikett an der Unterseite einer Stehlampe, um 1928. Die meisten Stücke der in den 20er und 30er Jahren von Lloyd oder Lusty produzierten Kollektionen verließen die Fabrik mit dem gewöhnlich an der Unterseite angebrachten Warenzeichen. Es ist häufig noch intakt. Privatsammlung.

Etiketten, Datumsstempel und andere Merkmale

Beinahe alle echten Lloyd-Loom-Produkte wurden ab Werk mit einem Originaletikett versandt, das auf den Rahmen genagelt oder geleimt war. Zur Datierung eines Stückes sollte man zunächst nach diesem Etikett suchen. Bei Sesseln und Sofas ist es gewöhnlich in der Mitte des Rahmens der Sitzvorderseite angebracht und leicht zu sehen, wenn man das Stück umdreht. Bei anderen Stücken wie Papierkörben, Lampen und kleinen Schränken sind die Etiketten in der Regel an der Unterseite der Standfläche, bei Tischen unter der Platte festgenagelt oder -geleimt.

Lusty bezahlte enorme Lizenzgebühren an Lloyd, um Lloyd-Loom-Möbel herstellen zu dürfen, und beide Hersteller führten teure Werbekampagnen durch. Das Lloyd-Loom-Warenzeichen spielte bei der Vermarktung der Produkte und beim Schutz der Urheberrechte eine wichtige Rolle. In Amerika wurde zunächst ein schwarz-silbernes Metallschildchen, später bedruckte Folie verwendet.

Bei Lusty wurden Pappetiketten und manchmal auch Zelluloidschildchen bevorzugt. Außerdem wurde an jedem Stück, das die Fabrik verließ, ein achteckiger Pappanhänger befestigt, um die Käufer zu informieren, daß das Warenzeichen ›an jedem Lloyd-Loom-Modell aus dem Hause W. Lusty & Sons Ltd. fest angebracht‹ war. Diese Anhänger sind heute selten, weil sie normalerweise vor dem Gebrauch der Möbel entfernt wurden, doch die anderen Etiketten sind oft noch intakt, da sie fest am Rahmen angebracht waren. In Lustys Fall können sie die exakte Datierung der Möbel außerordentlich vereinfachen. Der Stil der Lusty-Etiketten wurde häufig verändert – vor dem Krieg gab es achtzehn verschiedene Designs oder Varianten. Ab 1930 wurde zur Datierung ein Prägestempel auf dem Rahmen verwendet. Solche Stempelzeichen können, wie später erklärt wird, irreführend sein, doch ist es vielfach möglich, in England hergestellte

Lloyd-Loom-Stücke einfach aufgrund des Originaletiketts oder Stempelzeichens zu datieren.

Manchmal kann man an der Unterseite des hölzernen Rahmens bei Lusty-Produkten einen weiteren Stempel erkennen, der nichts mit der Datierung zu tun hat: Er war die ›Unterschrift‹ des Handwerkers, der für die Konstruktion des Stückes verantwortlich war, oder stammte aus Qualitätskontrollen. Solche Zeichen sind meist unter der Farbe verborgen und daher lediglich an Stücken mit originalem, unlackiertem Finish, die nur leicht gebeizt oder mit Klarlack behandelt waren, sichtbar (siehe Abbildung auf Seite 134).

Bei Lloyd wurden die Möbel leider nicht mit Datumsstempeln versehen und zwischen 1922 und 1941 lediglich zwei verschiedene Etiketten mit dem Warenzeichen verwendet. Entsprechend den Vorschriften in verschiedenen amerikanischen Bundesstaaten wurden weitere Etiketten angebracht. Obgleich die amerikanischen Lloyd-Loom-Stücke mit Hilfe von Etiketten nicht so leicht datiert werden können wie die englischen, sind sie für den Sammler doch von Vorteil und helfen bei der Unterscheidung früher Stücke von späten Modellen.

Lloyds auf einen Rahmen genageltes schwarz-silbernes Metallschildchen der 20er Jahre, nahezu in Originalgröße.

Faksimile des Papieranhängers von Lloyd aus den 20er Jahren, der den Käufer informierte, daß an jedem von der ›Lloyd Manufacturing Co.‹ hergestellten Artikel ein weiteres Lloyd-Loom-Warenzeichen fest angebracht war.

Etiketten bei Lloyd

Die Etiketten der frühesten Lloyd-Möbel waren aus Metall gestanzt und im Negativdruck beschriftet, so daß die Schrift metallisch (silbern) blieb und nur die Zwischenräume schwarz gefärbt waren. Diese Schilder wurden auf den Rahmen genagelt, wo sie meist heute noch zu finden sind, da sie sich in der Regel weder ablösten noch größeren Schaden erlitten. Wenn übermalte Etiketten gesäubert werden, kommt die Originalschrift in den meisten Fällen wieder zum Vorschein. In den späten 20er Jahren verschwanden diese Etiketten; sie können also zur Identifizierung früher Lloyd-Modelle dienen. Auf Möbeln nach 1929 sind sie kaum noch zu finden.

Auf keinem Etikett mit Lloyds Warenzeichen wird auf ›Heywood-Wakefield‹ hingewiesen, so daß manchmal irrtümlicherweise der Schluß gezogen wird, die Stücke stammten aus der Zeit vor 1921, bevor Lloyd von ›Heywood-Wakefield‹ übernommen wurde. Da alle Etiketten den Hinweis auf die am 16. Oktober 1917 patentierte Herstellungsmethode tragen, ist der Irrtum verständlich; man könnte ja annehmen, daß die Möbelproduktion 1917 begann, und nach 1921 der Name ›Heywood-Wakefield‹ auftauchen müßte. Dies ist jedoch nicht der Fall.

Zusätzliche Firmenetiketten trugen den ›Hygienevorschriften für Bettzubehör‹ sowie den ›Gesetzen über Herstellung und Verkauf von Polstermöbeln‹ in verschiedenen Bundesstaaten Rechnung. Zum Beweis, daß bei der Herstellung nur ›völlig neues Material‹ verwendet wurde, mußte jedes Möbelstück ein Etikett tragen, dessen Entfernung unter Strafandrohung verboten war. Die meisten Lloyd-Sitzmöbel besaßen weiche Stoffpolster, doch selbst Lampen mit Seideneinfassung mußten entsprechend etikettiert werden. Diese Etiketten waren auf Karton gedruckt und wurden, gewöhnlich neben dem Warenzeichen, mit Klammern oder kleinen Nägeln am Rahmen befestigt; da sie

◁ Frühes ›Hygienenachweis‹-Etikett Lloyds, um 1925. Sammlung von Bob und Dina Meissner, Menominee, USA.

aus dünner Pappe bestanden, sind sie häufig verschwunden oder beschädigt.

Auf solchen Etiketten erscheint unter ›Lloyd Manufacturing Co.‹ der Name ›Heywood-Wakefield‹ kleingedruckt und in Klammern. Sie wurden auch für Kinderwagen verwendet; bei Modellen vor 1921 wird ›Heywood-Wakefield‹ nicht genannt. Möbel mit Etiketten ohne diesen Hinweis, die allerdings sehr selten sind, könnten vor 1921 hergestellt worden sein.

Das Design von Lloyds ›Hygienenachweis‹-Etikett wurde mehrmals verändert. Die Untersuchungen darüber sind noch nicht beendet, doch war auf einem der frühesten Lloyds Name anscheinend mit der kleinen, ovalen Überschrift ›Inventor‹ (Erfinder) versehen (es wurde für Möbel verwendet). Ein Etikett um 1927 enthielt das Logo ›Lloyd Loom products‹ der Metallschildchen sowie seitlich des Haupttextes den vertikal gedruckten Zusatz ›Furniture and Baby Carriages‹ (Möbel und Kinderwagen). Etiketten nach 1928 waren ähnlich gestaltet, nur wurde der erwähnte Zusatz durch die Firmenadresse und Informationen über das Patent ersetzt.

Um 1928 wurde bei Lloyd ein neues, bedrucktes Warenzeichen für die Kennzeichnung von Möbeln eingeführt; es bestand aus feiner, goldfarbener Metallfolie mit schwarzer Schrift und einem roten Rand. Das flache Etikett wurde bis 1941 benutzt, ist jedoch bei starker Übermalung schwer zu finden, obgleich es fest an den Möbeln angebracht war.

Oben rechts: Ein ›Hygienenachweis‹-Etikett Lloyds, um 1929.

▷ Lloyds rot-goldenes Warenzeichen, um 1929. Der Nachfolger des schwarz-silbernen Metallschildes bestand aus Folie und wurde auf den Rahmen geleimt; es ist bei den meisten Möbeln aus den 30ern zu finden, nahezu in Originalgröße.

Lustys achteckiger Pappanhänger. Er diente, wie der von Lloyd, dem Zweck, den Käufer (auf der Rückseite) über das Vorhandensein eines weiteren, fest angebrachten Warenzeichens zu informieren.

Etiketten und Datumsstempel bei Lusty

Bei Lusty wurden in den 20er und 30er Jahren verschiedene Etiketten verwendet. Datumsstempel erschienen erstmals 1930 und wurden für kurze Zeit seitlich vom Markenzeichen aufgedruckt. Frühe Stempelzeichen nennen genau Tag, Monat und Jahr kurz vor dem Versand des fertigen Stückes, die Mehrzahl gibt aber nur den Monat und das Jahr in Kurzform an: DEC 32, SEP 36, etc.; sie sind gewöhnlich unter dem Etikett mit dem Firmenzeichen verborgen. Datumsstempel sollten die Haltbarkeit der Produkte dokumentieren und sind daneben ein Teil der Qualitätskontrolle, die bei Lusty sehr sorgfältig durchgeführt wurde. Ein nachstehendes Verzeichnis der Lusty-Etiketten mit Beschreibung der dazugehörigen Datumsstempel soll den Leser mit einer sehr einfachen und genauen Datierungsmethode vertraut machen. Allerdings können Lustys Etiketten und Datumsstempel in manchen Fällen irreführend sein.

Ursache für dieses Problem ist der Service für Reparatur und Neulackierung, der den Kunden von Lusty angeboten wurde. Er konnte nicht nur genutzt werden, um abgewetzte oder beschädigte Möbel wieder so gut wie neu zu machen, sondern auch in Fällen, in denen der Kunde einfach die Farbe seiner Inneneinrichtung zu ändern wünschte. Dieser Kundendienst wurde gerne in Anspruch genommen. Die Etiketten und Datumsstempel wurden von Lusty nicht zum Nutzen späterer Generationen von Sammlern angebracht, sondern waren, wie gesagt, ein Teil der Qualitätskontrolle. War ein Möbelstück fertig, wurden ungeachtet des Originaldatums seiner Entstehung ein neues Etikett sowie ein Stempel angebracht, der das Datum der Reparatur oder Neulackierung nannte.

▷ Früher Lusty-Datumsstempel vom Mai 1930. Dies war das erste Jahr, in dem solche Stempel neben dem Warenzeichen angebracht wurden.

◁ Seltener Lusty-Armsessel ›Delux‹-Modell Nr. 85 (1926–40). Privatsammlung.

So weisen viele Originale aus den 20er und 30er Jahren Etiketten und Stempel der Nachkriegszeit auf. Obwohl das System zu Widersprüchen führte, bestand es seit den späten 20er Jahren, und Restaurationsarbeiten aus der Nachkriegszeit sind nicht immer erkennbar. Doch gibt Lusty eine Hilfestellung, da der Rahmen in solchen Fällen mit einem großen ›R‹ versehen wurde, entweder seitlich vom neuen Etikett oder direkt auf dieses aufgedruckt. Manchmal wurde das ›R‹ fälschlicherweise als Zeichen für Ausschußware gedeutet. Man sollte bei der Datierung anhand von Etiketten und Stempeln darauf achten.

Beispiel für ein Etikett (mit darunterliegendem Datumsstempel), was die Datierung erschwert. Lustys ›R‹ für ›Refurbishment‹ (Renovierung) wurde hier zwar deutlich sichtbar auf das Etikett gestempelt, ist aber oft am Rahmen neben dem Etikett zu finden und nicht selten verblaßt und kaum zu erkennen. Das Etikett wurde in den späten 30er Jahren an einem sehr frühen Tisch (um 1922) angebracht.

Ausschußware von Lusty stellt hinsichtlich der Datierung das größte Problem dar, weil die Stücke überhaupt nicht mit Etiketten oder Stempeln gekennzeichnet wurden. Solche Produkte, die vielleicht nur aufgrund mangelhafter Lackierung die strenge Qualitätskontrolle nicht bestanden, sind nur bedingt als zweitklassig einzuordnen. Heute kann man Ausschußware nur schwer von Stücken unterscheiden, deren Bemalung verblaßt ist oder eine altersbedingte Patina angenommen hat (die jetzt hoch im Kurs steht!). Dennoch existieren Möbel, die nie etikettiert oder datiert wurden, darunter Prototypen sowie zweitklassige Stücke, die direkt von der Belegschaft gekauft wurden. Für den werksinternen Verkauf derselben bestand eine Warteliste. Da Lusty mehrere hundert Mitarbeiter beschäftigte und Millionen von Möbeln produzierte, sind Stücke ohne Etikett oder Datumsstempel keineswegs selten.

Selbst wenn das Etikett fehlt oder der Stempel durch einen allzu eifrigen Lackierer übermalt wurde (was häufig vorkam), können bestimmte Merkmale bei der Datierung helfen. Ist der Stempel sichtbar, kennt man das genaue Entstehungsdatum und kann im Etikettenverzeichnis das fehlende Etikett finden. Fehlen Etikett wie auch Stempel, sollte man den Rahmen nach hervorstehenden Köpfen von Nägeln absuchen, die zur Befestigung der Etiketten verwendet wurden. Wenn solche vorhanden sind, handelt es sich um ein Stück aus der Zeit vor 1930 und nicht um ein zweitklassiges Produkt oder einen Prototyp, deren Entstehungsdatum kaum festzustellen ist.

Falls das Etikett vollständig übermalt und damit unleserlich ist, blieb es zumindest geschützt und kann schließlich doch noch hilfreich sein. Man muß auch bedenken, daß ein Fehlen des Datumsstempels meist bedeutet, daß das betreffende Stück vor 1930 entstand. Bei fehlendem Etikett und übermaltem Rahmen kann man Stücke aus der Zeit vor oder nach 1930 durch die Abstände zwischen den Nagelköpfen unterscheiden. Deshalb sind die Etiketten im Verzeichnis in Originalgröße abgebildet; man kann einen deutlichen Größenunterschied zwischen Etiketten aus den Jahren vor bzw. nach 1930 feststellen, deren jeweilige Abmessung dem Abstand zwischen den Nägeln entspricht. Im Falle der breiteren Abmessung befindet sich der Stempel unter der Farbe zwischen den Nagelköpfen, in manchen Fällen (1930–31) eventuell auch daneben. Besonders eifrige Sammler pflegen die Farbe sorgfältig abzulösen, um den Stempel zu finden. Ein geringerer Abstand zwischen den Nagelköpfen bedeutet, daß das Modell vor 1931 entstand – man braucht also nicht weiter nach dem Stempel zu suchen.

Datumsstempel und Etiketten wurden erst nach der Lackierung der Stücke angebracht und stimmen daher nicht unbedingt mit dem Herstellungsdatum der Möbel überein, denn Aufträge wurden bei Lusty mit vorgefertigten Stücken ausgeführt, die entsprechend der Bestellung aus dem Lager, das ungefähr 50 000 Artikel umfaßte, zur Lackierung ins Werk zurückgebracht wurden. Es ist daher durchaus möglich, Stücke zu finden, die einige Jahre vor ihrer endgültigen Lackierung und Datierung hergestellt und zwischengelagert wurden. Im Gegensatz zu Lloyd in Menominee wurden bestimmte Entwürfe bei Lusty über Jahre hinweg produziert; deshalb kann man bei manchen Möbeln mit Originaletikett und Datumsstempel aus verschiedenen Gründen – Konstruktionsmethode, Zeitpunkt des Auslaufens von Modellen etc. – mit Sicherheit behaupten, daß sie lange vor ihrer Datierung gebaut wurden.

▷ Lusty-Armsessel ›Delux‹-Modell Nr. 53 (1922–40). Das abgebildete Stück wurde in den späten 20er Jahren hergestellt, doch in den 50er Jahren bei Lusty neu gespritzt. Es trägt am Rahmen daher ein irreführendes 1950er Etikett mit Datumsstempel. Privatsammlung.

Entfernung der Lusty-Etiketten über dem Datumsstempel

Original Lusty-Etiketten zu entfernen ist zwar riskant, weil sie dabei schwer beschädigt werden können, doch möchte jeder Sammler natürlich gern das exakte Herstellungsdatum eines Möbelstückes entdecken. Es gibt eine einfache Methode, mit deren Hilfe man das Entstehungsdatum herausfinden und gleichzeitig das Etikett unversehrt lassen kann. Ein intaktes Originaletikett des Herstellers steigert nämlich den Wert jedes Stückes. Zunächst muß man das Etikettenverzeichnis zur Hand nehmen und feststellen, ob ein Stempel unter dem Etikett existiert. Falls nicht, sollte man das Etikett nicht zu entfernen versuchen, da sich nichts darunter befindet und man riskiert, ein wertvolles frühes Stück mit unversehrtem Originaletikett zu beschädigen.

Entdeckt man jedoch ein aufgenageltes Etikett, unter dem sich ein Stempel befinden muß, darf man keinesfalls versuchen, die Nägel zu entfernen. Die meisten Nägel sind angerostet und ohne Beschädigung des Etiketts kaum zu entfernen, da sie mit einem Hammer in das Hartholz getrieben wurden. Es empfiehlt sich, eine Messerklinge unter die Mitte des Etiketts zu schieben und diese vorsichtig nach der Seite und um die Nagelköpfe herum zu führen. Auf diese Weise wird das Papieretikett angehoben, um sauber vom Nagelkopf wegzubrechen, wobei ein kleines Loch zurückbleibt. Bei vorsichtiger Führung der Klinge ist dies leicht zu bewerkstelligen. Nach dem Loslösen vom Nagel darf man das Kärtchen nicht an dem (nun freien) Ende anheben. Man muß den Vorgang vielmehr auf der anderen Seite wiederholen. Erst wenn auch diese vom Nagel weggebrochen ist, kann das Etikett, ohne es zu knicken, abgehoben werden. Es bleiben zwei kleine Löcher, die jedoch nach der erneuten Befestigung nicht mehr zu sehen sind. Die Kärtchen werden mit der Zeit sehr brüchig, so daß dies der beste Weg ist, sie zu entfernen. Löst man sie vorher nicht sorgfältig an beiden Enden ab, riskiert man, sie zu zerreißen. Anschließend sollte man das Etikett wieder an seinem ursprünglichen Platz anbringen. Dazu umgibt man die Nagelköpfe mit einer winzigen Menge Leim und bringt das Etikett wieder an seinen Platz. Dieser Prozeß sollte jedoch nicht wiederholt werden, da angeleimte Etiketten (zum Beispiel am Boden von Wäscheboxen) kaum zu entfernen sind. Sämtliche Etiketten sind mit Datumsangabe im Verzeichnis zu finden; sie helfen mit, die Herstellung eines Möbelstücks in einen Zeitraum von etwa einem Jahr einzuordnen. Eine noch größere Genauigkeit wird erzielt, wenn man sie zusammen mit anderen Datierungsmethoden verwendet, die im folgenden ebenfalls beschrieben werden.

Verzeichnis der Lusty-Etiketten

Auf den frühesten Lusty-Etiketten (Nr. 1 und 2 im Verzeichnis) sind zwei Patentnummern aufgeführt, die erste allerdings mit einem Druckfehler. Die äußerst seltenen Etiketten aus weißem Zelluloid wurden gewöhnlich an der Rückseite von Sesseln in Höhe des Sitzrahmens festgenagelt. Einige der frühesten Lusty-Sessel waren auf diese Weise etikettiert. Oft sind die Etiketten unter einer später aufgetragenen Farbschicht verschwunden, doch ist das Zelloluid zum Glück sehr widerstandsfähig und die Aufschrift kommt beim Abkratzen der Farbe wieder zum Vorschein. Die Patentnummern 113608 und 117302 beziehen sich auf Lloyds früheste Patente; für deren Nutzung und zum Schutz der Urheberrechte an der Lloyd-Loom-Methode bezahlte Lusty Lizenzgebühren an Lloyd. Aufgrund eines Druckfehlers erschien bei der Nummer 117302 statt der 2 eine 8; die falsche Nummer (Etikett Nr. 1) bezeichnete ein Patent des Ingenieurs George Helps zur ›Verbesserungen bei der Herstellung und Verarbeitung von Leuchtgas‹. Das Etikett wurde sofort neu gedruckt und mit dem Zusatz ›Mfrs. W. Lusty & Sons, Bromley-by-Bow‹ versehen (Nr. 2).

Ein drittes Patent mit der Nummer 167861 wurde von Lloyd kurz nach Aufnahme der Möbelproduktion eingetragen und auf Lustys Etiketten hinzugefügt (Verzeichnis Nr. 3, 4, 5 und 6). Etiketten der 20er Jahre mit nur zwei Patentnummern sind lediglich an Lustys frühesten Stücken und daher, vor allem die Version mit dem Druckfehler, sehr selten zu finden.

Die Patentnummer 219838 bezieht sich auf ein im August 1924 eingetragenes Patent für die Maschinen, mit deren Hilfe der Rahmen mit ›Fibre‹ umwickelt wurde. Man findet es auf Etiketten zwischen 1925 und 1932; danach erschienen auf Lustys Möbeletiketten keine Patentnummern mehr.

1920er Etiketten sind leicht an ihrer Umrandung im schwarzweißen Karomuster zu erkennen, die auch in Lustys frühesten, eine Viertelseite füllenden Anzeigen in Zeitungen und Zeitschriften verwendet wurde. Die frühesten Etiketten weisen ein fast viktorianisches Schriftbild auf, doch erhielten sie gegen Ende des Jahrzehnts ein moderneres Aussehen. Einige der frühesten Pappetiketten wurden mit einem einzigen Nagel in der Mitte befestigt (Etikett Nr. 6), bei der Mehrzahl wurden aber zwei Nägel verwendet.

Auf dem letzten Lusty-Etikett der 20er Jahre (Nr. 10) waren nur die Anfangsbuchstaben des Namens ›Lloyd Loom‹ großgeschrieben (es ist das einzige dieser Art); dieses Design ist auf Stücken aus dem Jahr 1930 gelegentlich zu finden. Im selben Jahr führte Lusty den Datumsstempel ein, der neben dem Etikett angebracht wurde und den genauen Tag, den Monat sowie das Jahr der Herstellung angab.

◁ Ein Lusty-Etikett aus den 30er Jahren wurde sorgfältig abgelöst, um den Datumsstempel sichtbar zu machen.

Nr. 1. Lustys frühestes Zelluloidetikett mit falscher Patentnummer an der Rückseite eines Sessels, um 1922.

Nr. 2. Das neu aufgelegte Zelluloidetikett, um 1922, mit korrekter Patentnummer und dem Zusatz ›W. Lusty & Sons, Bromley-by-Bow‹. Es kann am Sesselrücken oder am Rahmen befestigt sein.

LUSTY-ETIKETTEN DER 20ER JAHRE (in Originalgröße)

Nr. 3. Zelluloidetikett, um 1922–24.

Nr. 4. Pappetikett, um 1922–24.

Nr. 5. Pappetikett, um 1922–24.

Nr. 6. Pappetikett, um 1922–24.

Nr. 7. Pappetikett, um 1925–26.

Nr. 8. Pappetikett, um 1926–28.

Nr. 9. Pappetikett, um 1926–30. Daneben evtl. Datumsstempel.

Nr. 10. Pappetikett, um 1928–31. Daneben evtl. Datumsstempel.

LUSTY-ETIKETTEN DER 30ER JAHRE (in Originalgröße)

Nr. 11. Pappetikett, um 1930-31. Daneben evtl. Datumsstempel.

Nr. 12. Pappetikett, um 1930–31. Daneben evtl. Datumsstempel.

Nr. 13. Pappetikett, um 1930–31. Daneben evtl. Datumsstempel.

Nr. 14. Pappetikett, 1931–32. Datumsstempel daneben o. darunter.

Nr. 15. Pappetikett, um 1931. Datumsstempel darunter.

Nr. 16. Pappetikett, um 1932–34. Datumsstempel darunter.

Nr. 17. Pappetikett, um 1934–37. Datumsstempel darunter.

Nr. 18. Pappetikett, um 1937–40. Datumsstempel darunter.

Lusty-Etiketten der 30er Jahre

Sämtliche Lusty-Etiketten aus den 30er Jahren waren mit einer dicken und einer dünnen schwarzen Linie umrandet. Die beiden ersten (Nr. 11 und 12) waren bis auf die Zeile ›Woven Fibre Furniture‹ identisch, die auf letzterem durch die Bezeichnung ›Fitch Work Furniture‹ ersetzt wurde. Wie zuvor beschrieben (siehe Seite 87) war ›Fitchwork‹ sehr kurzlebig, und bemerkenswert wenige Lusty-Möbel wurden in diesem Stil hergestellt. Lusty verwendete diese Etiketten auch für Möbel, die nichts mit ›Fitchwork‹ zu tun hatten, möglicherweise nur, um den vorhandenen Vorrat aufzubrauchen! Beide Etiketten enthielten ein Feld für die ›Registered Design No.‹, das für eine separat aufgestempelte Nummer bestimmt war, die die Urheberrechte an dem Modell angab. Diese Felder sind auf allen Etiketten der 30er Jahre und auf denen der Nachkriegszeit zu finden, enthalten jedoch selten eine Nummer.

Das von 1931 bis 1932 benutzte Etikett (Nr. 14) ist aufgrund des Fettdrucks besonders interessant. Es wurde zur Feier der Umwandlung des Unternehmens in eine Gesellschaft mit beschränkter Haftung gedruckt und versuchte, das ›Lloyd-Loom‹-Firmenzeichen durch den Titel ›Lusty's Woven Furniture‹ in den Hintergrund zu drängen. Der Text war jedoch mißverständlich und hätte zu Schwierigkeiten mit Lloyd oder dem Patentamt geführt, denn er implizierte, daß Lloyd Loom nur das ›Fibre‹, nicht aber die Herstellungsmethode bezeichnet; das Etikett wurde daher rasch zurückgezogen. Auf den meisten dieser Etiketten erscheint die Nummer des eingetragenen Designs. Sie wurden außerdem verwendet, als Lusty beschloß, den Datumsstempel zu verbergen; er kann also seitlich oder auch darunter erscheinen.

Die Etiketten nach 1932 unterscheiden sich lediglich durch die Nennung der Anzahl der Standardfarben. Die Etiketten Nr. 16, 17 und 18 wurden für die meisten Möbel benutzt, die in den 30er Jahren von Lusty produziert wurden, und sind daher am häufigsten zu finden. Angegeben sind 30, dann 34 und schließlich 36 Standardfarben. Es war das ›Goldene Zeitalter‹ der Lusty-Werke, und um die Mitte der 30er Jahre waren allein in Großbritannien über 8000 Einzelhändler für den Verkauf der Produkte zuständig. Man sollte jedoch nicht glauben, daß Stücke mit diesen Etiketten weniger wert sind; viele Modelle aus jener Periode sind heute selten, und einige der hochwertigsten und gesuchtesten Modelle trugen diese Etiketten.

Lusty-Etiketten der Nachkriegszeit

Die ersten Nachkriegsetiketten ähnelten denen der 30er Jahre, lassen jedoch den Bruch durch die Zerstörung der Werke 1940, die die Produktion für fünf Jahre unterbrach, erkennen. Der ›Lloyd-Loom‹-Schriftzug war dünner, das Kärtchen mit nur einer Linie umrandet und von schlechter Papierqualität. Es wurden nur noch 6 Standardfarben (von ehemals 36) angeboten, auch war die Zahl der angebotenen Modelle drastisch zurückgegangen. Die Wiederaufnahme der Fabrikadresse Bromley-by-Bow, die in den vergangenen 15 Jahren nicht mehr erschienen war, zeigte Lustys Entschlossenheit, dem Unternehmen wieder einen Platz auf der Landkarte zu sichern. Der Asche entstiegen einige bemerkenswerte neue Produkte, besonders der U64-Sessel, vielleicht das erfolgreichste einzelne Lloyd-Loom-Sesseldesign aller Zeiten (Seite 140).

Die Etiketten Nr. 19 und 20 unterscheiden sich nur durch die Aufschrift ›Utility Model‹ im Feld für die Nummer des eingetragenen Designs, die wie zuvor nur selten erschien. Nach dem Krieg verabschiedete die britische Regierung den sogenannten ›Utility Act‹, der die Unternehmer ermutigen sollte, die knappen Rohstoffvorräte so nutzbringend wie möglich zu verwenden. Hersteller, die dies nachweisen konnten, hatten leichteren Zugang zum benötigten Material und konnten ihre Produkte billiger verkaufen, da sie von der Umsatzsteuer ausgenommen waren. Das dem ›Utility Act‹ entsprechende ›CC41‹-Logo wurde auf sämtliche Möbel gestempelt und war bis 1952, als das Gesetz aufgehoben wurde, auf den verschiedenen Lusty-Nachkriegsmodellen zu finden.

Rahmenunterseite eines Lusty-Armsessels Modell U64, auf den das ›CC‹-Zeichen für ›Utility‹ aufgestempelt wurde. Der Rahmen war nur leicht gebeizt, so daß die Zeichen verschiedener Handwerker wie Davis, French, Unis, Ned, etc. zu erkennen sind.

▷ ›Popular‹-Armsessel Modell Nr. 7074 von Lusty mit eingeflochtenem Jacquardmuster, 1935–40. Privatsammlung.

LUSTY-ETIKETTEN DER NACHKRIEGSZEIT (in Originalgröße)

Nr. 19 und 20. Pappetiketten, um 1945–50. Datumsstempel darunter und/oder ›Utility‹-Stempel daneben.

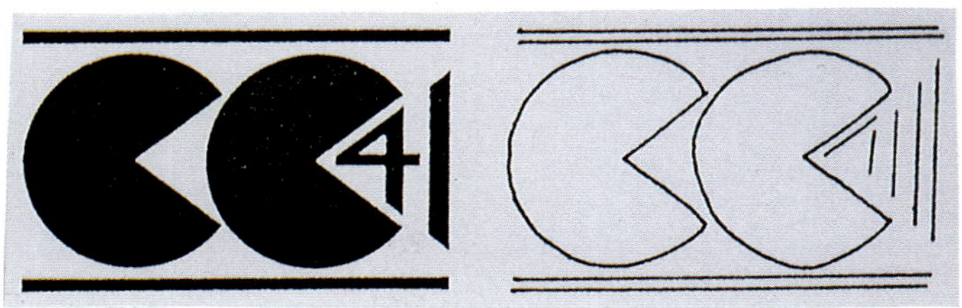

Das ›Utility‹-Logo und der Abdruck des Stempels auf dem Rahmen (rechts).

Nr. 21. Pappetikett (50er Jahre). Datumsstempel daneben.

Nr. 22. Zelluloidetikett (50er Jahre).

Nr. 23. Plastiketikett, auch als Metallfolie (60er Jahre).

Etiketten der 50er Jahre (Nr. 21 und 22) zeigen das einfachste Design und können sofort an dem kursiv gedruckten ›Lusty‹-Logo erkannt werden, das bereits in den Anzeigen zwischen 1920 und 1940 sowie für Schaufensterdekorationen und auf den achteckigen Anhängern verwendet worden war. Diese Etiketten sind auch auf Vorkriegsmodellen zu finden, die in den 50er Jahren bei Lusty restauriert oder neu lackiert wurden.

Die wiederaufgebauten Fabrikanlagen Lustys in Bromley-by-Bow schlossen 1963 ihre Tore, und die Produktion wurde nach Martley verlegt. Der Stil der Etiketten der 60er Jahre wurde ebenso wie der Stil der Möbel verändert; es handelte sich um Schildchen aus Plastik oder bedruckter Metallfolie, die gewöhnlich mit Klammern am Rahmen befestigt wurden.

Farbzeichnung für eine Lusty-Anzeige, um 1957. Der Frisierhocker hat die damals übliche, sich verjüngende Form der Beine. Das Design der Wäschebox stammt aus den 30ern.

▷ Lusty-Sessel mit Stahlrohrbeinen aus den 50er Jahren. Das Flechtmuster war nach dem Krieg häufig zu finden; es ähnelte dem Jacquardmuster der Vorkriegszeit, wurde aber in einheitlichen Bahnen gewebt. Sammlung des Vitra Design Museums, Weil am Rhein.

Weitere Hinweise für die Datierung

Obgleich Etiketten und Datumsstempel für Lloyd-Loom-Sammler eine sehr wertvolle Hilfe bei der exakten Datierung darstellen, ist eine genaue Prüfung gelegentlich nicht durchzuführen. Auf Antiquitätenauktionen, -messen oder -märkten, ja selbst beim Rundgang durch Geschäfte muß man sich oft sehr schnell zum Kauf entschließen. In diesem Buch sind viele Merkmale aufgeführt, die bei der Datierung einzelner Stücke helfen; die folgenden Hinweise sind aber von allgemeinem Nutzen, da sie leicht zu behalten und für Lloyd-Loom-Spezialisten von entscheidender Bedeutung sind.

Konstruktionstechnik

Die meisten frühen Produkte (vor 1924) sind ziemlich leicht zu erkennen. Diese Stücke sind interessant, da sie heute seltener sind und deutlich veranschaulichen, wie wichtig die Fortschritte in der Produktionstechnik für das Entstehen der schlichten, eleganten Formen waren, die heute als typisch für den klassischen Lloyd Loom angesehen werden. Dieser Standard war nicht einfach zu erreichen, und der Weg dorthin kann am Beispiel der Sessel am besten dargestellt werden. Ursprünglich waren sie mit breiten Seitenverkleidungen konstruiert, die um den Rahmen gelegt wurden und so den unteren Teil des Körpers bildeten. Der obere Teil wie auch die Sitzfläche wurden aus separaten Materialabschnitten gefertigt, so daß Nähte im Material erforderlich waren. Sie lagen in Sitzhöhe und liefen um den gesamten Körper. Sämtliche frühe Sessel in Lloyds Büro (siehe Seite 18) waren auf diese Weise konstruiert.

Diese Konstruktionsmethode wußte Struktur und Qualität des geflochtenen ›Fibre‹ noch nicht zu nutzen, auch war der Rahmen entsprechend schwer und klobig. Dies wird beim Vergleich der Konstruktionsweise von Lustys Sesselmodell No. 28 vor bzw. nach 1924 anschaulich (siehe Abbildung). Beim frühen, nach der beschriebenen Methode konstruierten Modell war in der Tat vieles schlecht gelöst. In den Ecken, wo die Materialabschnitte aufeinanderstießen, entstanden Lücken; die Nähte waren deutlich zu sehen und machten den Gebrauch von Nägeln erforderlich. Auch die Verkleidung des Gestells wies eine unattraktive Naht an der Sesselrückseite auf. Beim späteren Design scheint ein großer Teil des Rahmens auf geheimnisvolle Weise verschwunden zu sein und die strukturelle Qualität des Geflechts wird deutlich; statt den Rahmen zu umkleiden

Man kann sehr frühe Lloyd-Loom-Stücke an der Konstruktionstechnik erkennen. Das abgebildete Lusty-Modell Nr. 28 (1922–40) veranschaulicht die Konstruktionstechnik von 1922 bis 1924 (unten) bzw. von 1924 bis 1940 (oben). Gesamthöhe und -breite sowie die Abmessungen der Sitzfläche blieben gleich.

bildete es nun mit ihm eine Einheit. Man verwendete eine einzige Geflechtbahn für den größten Teil des Sesselkörpers und verfeinerte so die vorher recht umständliche Konstruktionstechnik. Durch die Veränderungen wurde ein leichterer, klarerer Gesamteindruck erzielt, und die Stücke hatten in der Tat ein geringeres Gewicht, da weniger Gestellteile erforderlich waren.

Bei der späteren Konstruktionstechnik war die vordere Verkleidung über die Sitzfläche gezogen, die vorher aus einem separaten Teil bestand. Dadurch wurde der Eindruck von Schlichtheit verstärkt.

Die sehr frühen Lloyd-Loom-Stücke wirken ziemlich rustikal, besonders die Sessel; dies verleiht ihnen einen gewissen naiven Charme, der auf seine Weise sehr attraktiv ist. Sie stellen einen wichtigen Abschnitt in der Geschichte von Lloyd Loom dar und sind entsprechend hoch zu bewerten.

Borten (Seite 53)
Für die dekorativen Borten der sehr frühen Stücke (vor 1924) wurden metallverstärkte Stränge verwendet. Sie sind dicker und plumper als die maschinengeflochtenen ›Fibre‹-Borten. Stücke mit diesem Typ von Borten sind meist sehr selten.

Umwicklung mit ›Fibre‹ (Seite 46)
Bei einigen der frühesten Lusty-Sessel (vermutlich nur in den ersten Monaten nach Produktionsbeginn) wurde das Bugholzgestell mit gespaltenem Peddigrohr umwickelt und verziert. Bei einigen Modellen um 1922 wurde dieses zusammen mit ›Fibre‹ verwendet. Bei Modellen nach 1924 ist Peddigrohr wohl kaum zu finden. Die Lusty-Produkte der 20er Jahre mit Bugholzgestell sowie die ›Delux‹-Modelle bis 1940 waren mit ›Fibre‹ umwunden, ebenso ein Teil der Rahmen bei einigen ›Popular‹-Modellen zwischen 1932 und 1940. Nach dem Krieg wurden Sesselrahmen nicht mehr umwickelt.

Messingkappen an Möbelfüßen (Seite 57)
Sie sind bei amerikanischen Möbeln der 30er Jahre selten, bei englischen Produkten dieser Zeit meistens, nach dem Krieg aber kaum noch zu finden. Frühe Exemplare wurden in den meisten Fällen festgenagelt.

Tischbeine aus geflochtenem ›Fibre‹ (Seite 94)
Die Beine der Lusty-Tische wurden anfänglich nicht mit ›Fibre‹ umwickelt, sondern mit dem normalen, metallverstärkten Geflecht verkleidet. Die Wirkung war völlig anders, die Beine erschienen dicker; der horizontale Verlauf der Metallstränge erzeugte dabei ein charakteristisches Muster. Bei Tischen nach 1924 waren die Beine mit ›Fibre‹ umwickelt oder in ähnlichem Stil gedrechselt. Die Verwendung des ›Fibre‹-Geflechts an Tischbeinen ist ein interessantes Phänomen und nur bei den sehr seltenen frühen Tischen zu finden.

Die Struktur des ›Fibre‹-Geflechts (Seite 50)
Der Abstand zwischen den metallverstärkten Längssträngen im Geflecht wurde 1931 von 25 mm auf 19 mm reduziert. Einige Stücke um 1931 weisen beide Typen des Geflechts auf. Alle Produkte mit dem kleineren Abstand stammen aus den 30er Jahren, doch ist die breitere Version auch bei einigen amerikanischen Modellen der 30er Jahre sowie bei einigen Lusty-Modellen aus der Zeit vor 1934 zu finden.

›Fibre‹-Geflecht mit Jacquardmustern (Seite 51)
Jacquarddekorationen verzierten das gleichmäßige Geflecht durch kontrastierende, eingewebte Muster; sie wurden oft durch die Originallackierung besonders hervorgehoben. Kleine geometrische Muster, meist in der Mitte der Sesselrücken, sind gewöhnlich bei Produkten der 20er Jahre zu finden.

Großzügige Jacquardverzierungen tauchten erst nach 1930 auf. Sie sind bei den meisten amerikanischen Produkten der 30er Jahre, bei Lusty bis 1935 jedoch selten und danach nur bei ›Popular‹-Sesseln (bis 1940) zu finden.

›Fitchwork‹ (Seite 87)
Großzügig durchbrochenes Flechtmuster zur Verzierung, das nur aus metallverstärkten Strängen ohne Füllstränge besteht. ›Fitchwork‹ wurde zwischen 1922 und 1932 bei einigen amerikanischen Produkten und von 1930 bis 1933 bei ganz wenigen englischen Stücken verwendet. Heute ist es sehr selten.

›Stick Fibre‹ (Seite 87)
›Stick Fibre‹-Möbel bestanden nur aus metallverstärkten ›Fibre‹-Strängen und wurden in Amerika von 1928 bis 1931, in England nur um 1931 produziert. Heute sind sie äußerst rar.

Zierholzrahmen (Seite 78)
Stücke mit dekorativen gedrechselten oder geschnitzten und polierten Holzrahmen wurden in Amerika von 1929 bis 1931, in England zwischen 1929 und 1937 hergestellt.

Geschwungene Möbelbeine (Seite 78)
Polierte oder lackierte Holzbeine im Queen-Anne-Stil tauchten nur bei englischen Produkten zwischen 1935 und 1940 auf.

Viereckige Holzrahmen (Seite 79)
Einige englische Modelle zwischen 1933 und 1940 hatten viereckige, nicht mit ›Fibre‹ umwickelte hölzerne Beine bzw. Rahmen.

Metallrahmen im ›Fibre‹-Stil (Seite 46)
Lackierte Rahmen oder Möbelbeine aus Stahlrohr, die dem mit ›Fibre‹ umwickelten Bugholz stark ähnelten, sind nur bei amerikanischen Produkten von 1935 bis 1940 zu finden.

Stahlrohrgestelle (Seite 81)
Lackierte oder verchromte Stahlrohrgestelle wurden in Amerika von 1931 bis 1933, in England von 1935 bis 1940 verwendet.

Freischwinger aus Metall (Seite 82)
Freischwingende Stuhluntergestelle aus lackierten oder verchromten, flachen Stahlteilen wurden in Amerika 1931 bis 1941, in England 1933 bis 1940 produziert.

◁ Nach 1945 produzierter Lusty-Armsessel Modell U64. Er war enorm erfolgreich und ist nicht schwer zu finden. Allerdings ist das abgebildete Exemplar aufgrund der Jacquardverzierungen wohl ein Ausnahmefall, da diese nach dem Krieg bei Lusty selten verwendet wurden. Charakteristisch für die Nachkriegsproduktion Lustys ist der nicht mit ›Fibre‹ umwickelte Rahmen sowie das Fehlen der Messingkappen an den Füßen. Sammlung des Autors.

▷ Lusty-Sessel aus den späten 50er Jahren mit einer leicht modernisierten Form des geflochtenen Grundkörpers. Das Modell weist auch Lustys Stahlrohrgestell der 50er Jahre auf (vgl. Abbildung auf Seite 137), das im Vergleich zu den Vorkriegsgestellen viel dünner ist.

Pflege, Reparatur und Bewertung

Möbel der Lloyd-Loom-Blütejahre sind oft in ausgezeichnetem Originalzustand zu finden, doch sollte man beim Kauf auf gewisse Schwachstellen achten. Wie bei allen Antiquitäten möchte ein Sammler schließlich nur das Beste erwerben. Der Zustand eines Stückes ist für seinen Wert natürlich von großer Bedeutung, bei Lloyd Loom vielleicht noch mehr als bei anderen Möbeltypen, denn das ›Fibre‹-Geflecht sollte mit dem Rahmen und der Endlackierung eine Einheit darstellen. Das lineare Webmuster ist für die ästhetische Wirkung entscheidend; dies wird deutlich, wo es durch schlechte Restaurations- oder Neulackierungsversuche verdorben wurde. Schäden können aber repariert oder besser noch vermieden werden.

Holzwurm

Obgleich in den frühen Anzeigen Lustys die ›Resistenz der Lloyd-Loom-Möbel gegen Schädlinge‹ hervorgehoben wurde, ist es ratsam, den Rahmen sorgfältig zu untersuchen. Das geflochtene ›Fibre‹ ist natürlich nicht betroffen, doch der Hartholzrahmen bietet dem Holzwurm eine günstige Angriffsfläche und sollte daraufhin geprüft werden. Man sucht dabei einfach nach Wurmlöchern, besonders an den Verbindungsstellen des Rahmens. Der Holzwurm kann mit entsprechenden Mitteln leicht bekämpft werden. Man sollte daher über einige solcher Löcher nicht allzu besorgt sein; bei rechtzeitiger Behandlung erleidet der Rahmen meist keinen allzu großen Schaden. Ist ein Stücke jedoch vollkommen mit Wurmlöchern durchsetzt, sollte man sich den Kauf zweimal überlegen, denn wenn der Rahmen deshalb bricht, ist das gute Stück hinüber. Bei vollständig mit ›Fibre‹ umwundenen Rahmen ist der Wurmbefall schwerer festzustellen, verrät sich aber durch Löcher oder Rückstände von Holzmehl. Da sie die Rahmenstruktur gefährden, ist eine genaue Überprüfung auf jeden Fall anzuraten.

Sehr seltener Lusty-Armsessel, um 1922. Er ist einer der frühesten Sessel und vielleicht der Prototyp für das Modell Nr. 28 (Seite 138). Die Füße sind mit Peddigrohr umwickelt, das nur bei den ganz frühen Modellen zu finden ist. Das ›Fibre‹-Geflecht an den Armlehnen ist beschädigt, doch solche Löcher können leicht repariert werden.

Schäden am Rahmen und im Geflecht

Die einzige Stelle, an der sich das Lloyd-Loom-Geflecht relativ leicht abwetzt, ist die Vorderkante geflochtener Sitzflächen an der das Geflecht im rechten Winkel über den Rahmen gezogen wurde. Sessel und Sofas machen die bemerkenswerte Haltbarkeit des Materials deutlich. Selbst bei ständigem Gebrauch wird man nur selten Modelle mit starken Abnutzungserscheinungen an Arm- bzw. Rückenlehnen oder anderen Stellen finden. Dies gilt auch für geflochtene Sitzflächen bei antiken Stücken; sie sind meist in exzellentem Zustand und nur selten abgewetzt. Aufgrund ihrer Struktur haben Sessel mit geflochtener Sitzfläche jedoch eine Schwachstelle. Man sollte das Geflecht an der Vorderkante einfacher Sessel oder Sofas immer genau untersuchen, da es häufig genau unterhalb des Punktes durchhängt, wo es am Rahmen anliegt. Der Umfang, in welchem das Geflecht nachgegeben und sich abgesenkt hat, hängt von der Beanspruchung des Stückes ab; bei häufigem Gebrauch zeichnet sich die Linie der darunterliegenden Gestellkante ab. In diesem Fall sollte man die metallverstärkten Stränge nach Bruchstellen untersuchen, da sich das ›Fibre‹ dort bei jedem Hinsetzen an der scharfen Metallkante immer mehr abreibt. Dies kann dazu führen, daß der Sitz entlang der Vorderkante bricht. Das Problem stellt sich bei Sitzen mit gefederter Polsterung natürlich nicht, doch Stücke mit geflochtenen Sitzen können als Folge dieser Beschädigung unbrauchbar werden.

Andere Bruchstellen im Lloyd-Loom-Geflecht sind in der Regel auf zufällige Beschädigungen zurückzuführen, etwa durch mangelnde Sorgfalt beim Transport. Man kann einem Lloyd-Loom-Stück größeren Schaden zufügen, wenn man es ungeschützt auf einem Lastwagen um eine Hausecke fährt, als es vielleicht in 50 Jahren dauernden Gebrauchs erlitten hat. Man sollte mit Lloyd Loom ebenso vorsichtig umgehen wie mit jeder anderen Antiquität. Die Möbel wirken und sind in der Tat zwar sehr widerstandsfähig, doch ist stark abgescheuertes und durchgebrochenes ›Fibre‹-Geflecht schwer zu reparieren. Man sollte die Stücke daher mit größter Vorsicht transportieren, am besten in eine Decke gewickelt, gut befestigt und in sicherer Entfernung von spitzen oder kantigen Gegenständen.

Der Rahmen wird eher durch den Holzwurm als durch sonstige Beschädigungen in Mitleidenschaft gezogen, denn das Bugholz ist sehr fest und hart. Er kann sich jedoch an den Verbindungsstellen gelockert oder insgesamt verzogen haben, wenn ein Stück lange Zeit im Freien stand. In solchen Fällen ist auch oft die Farbe abgeblättert und das Geflecht morsch geworden, oder die Metallstränge sind angerostet und daher sehr anfällig. Man sollte bei Stücken mit ›pelzartigem‹ Geflecht, ausgewaschener, gräulicher Färbung und feinen Haarrissen im Bugholz sehr vorsichtig sein. Dies sind Anzeichen für einen sehr schlechten Gesamtzustand, da solche Stücke vermutlich aus der hintersten Ecke irgendeiner Gartenlaube wieder ans Tageslicht befördert wurden. Sie sind demnach kaum mehr als Gebrauchsmöbel zu verwenden und keine sehr empfehlenswerte Investition, falls es sich nicht um wirkliche Raritäten handelt. Abgesehen von diesen Extremfällen können die meisten Schäden jedoch repariert und die Möbel bei richtiger Behandlung noch viele Jahre benutzt werden.

Reparatur kleiner Schäden im Geflecht

Es bedarf schon sehr harter Stöße, um die metallverstärkten Stränge im Geflecht zu beschädigen, doch die eingeflochtenen Füllstränge brechen verhältnismäßig leicht. Solche Bruchstellen können praktisch überall im Geflecht auftauchen; obgleich sie die Stabilität der Gesamtstruktur nicht beeinträchtigen, sollte man sie reparieren. Lose Enden fransen leicht aus, auch bricht das lose Stück oft bis zum nächsten Längsstrang ab und hinterläßt eine kleine, aber sichtbare Lücke im Geflecht.

Für die Reparatur des Geflechts verwendet man am besten einen Holzleim. Er ist in trockenem Zustand fest und durchsichtig; überschüssige oder falsche applizierte Mengen können vor dem Trocknen mit einem feuchten Tuch entfernt werden. Ein winziger Punkt auf jedem Ende reicht aus, um das gebrochene ›Fibre‹ zusammenzuhalten.

Die Reparatur kleiner Lücken im Geflecht ist nicht besonders schwierig, solange die Metallstränge intakt sind, was meistens der Fall ist. Man braucht dazu allerdings Ersatzmaterial. Es ist jedoch relativ leicht erhältlich; Adressen von spezialisierten Möbelrestaurateuren, Herstellern moderner Lloyd-Loom-Möbel und weiteren Kontaktpersonen sind auf Seite 160 aufgelistet. Der Reparaturvorgang ist in acht einfache Schritte gegliedert, wie auf den Fotos rechts zu sehen ist (am Beispiel der Armlehne des auf Seite 142 abgebildeten Sessels).

1. Das ›Fibre‹-Geflecht ist durchgebrochen, und einige Füllstränge fehlen oder sind so beschädigt, daß sie nicht wieder zusammengefügt werden können.
2. Zunächst werden die abgebrochenen Füllstränge in Höhe des nächsten Längsstranges abgeschnitten.
3. Auf diese Weise hat man die losen oder ausgefransten Enden der alten Stränge entfernt und Platz für neue Füllstränge geschaffen.
4. Das neue Stückchen ›Fibre‹ wird nun etwas länger als benötigt zugeschnitten. Das eine Ende wird mit Leim bestrichen und fest ins Geflecht eingeklemmt, so daß es das Ende des ursprünglichen Stranges überlappt. Man sollte von der sichtbaren Seite her arbeiten. In vielen Fällen ist, wie das Beispiel zeigt, die Rückseite verborgen und überstehende Enden sind nicht zu sehen, man kann also die Rückseite der reparierten Stelle vernachlässigen. Kann man die Reparatur jedoch von beiden Seiten sehen, sollte das neue ›Fibre‹ mit größerer Sorgfalt und Genauigkeit am alten Strang befestigt werden und nicht überstehen.
5. Der Ersatzstrang wird nun durch die Längsstränge geflochten, abgeschnitten, am anderen Ende mit Leim versehen und festgeklemmt. Er sollte eng und sauber am bestehenden Geflecht anliegen.
6. Der Vorgang wird mit den übrigen Ersatzsträngen wiederholt.
7. Die Ausrichtung der neuen ›Fibre‹-Stricke sollte jedesmal korrigiert und angeglichen werden.
8. Das Geflecht ist an der reparierten Stelle vermutlich noch etwas locker. Leim wurde bislang nur verwendet, um die Enden an ihrem Platz zu halten. Die reparierte Stelle wird erst richtig solide, wenn man sie mit einer Mischung aus dem oben genannnten Holzleim und Wasser (50:50) versiegelt, die mit einem Pinsel aufgetragen wird und so das Geflecht durchdringen kann. Sie dient auch als Unterlage für die Lackierung, mit deren Hilfe die geflickte Stelle kaschiert und zusätzlich verstärkt wird (siehe Seite 146).

①

②

③

④

⑤

⑥

⑦

⑧

Beschädigte oder fehlende ›Fibre‹-Sitzflächen

Besitzt man einen Sessel oder ein Sofa mit durchhängender Sitzfläche, sollte man sie gegen weitere Abnutzung schützen. Ein gepolstertes Kissen dient zur besseren Verteilung des Gewichts und vermindert die Belastung der Vorderkante. Hat das Polster zudem eine Sperrholzunterlage, ist das ›Fibre‹ gut geschützt und wird wohl kaum weiter nachgeben. Es empfiehlt sich, ein Stück Karton als Schablone für die Sitzfläche so zuzuschneiden, daß es genau in den Sessel paßt. Dann läßt man eine Sperrholzplatte von etwa 13 mm Dicke entsprechend der Schablone zuschneiden und von einem Polsterer beziehen. Ist die Sitzfläche schwer beschädigt, kann die Restaurierung teuer werden, da zur Einpassung eines neuen, geflochtenen Sitzes der gesamte Sessel auseinandergenommen werden muß. Dies ist kompliziert und wird am besten von einem Spezialisten durchgeführt. Falls die ›Fibre‹-Sitzfläche völlig zerstört ist, kann man sich mit der oben beschriebenen Methode behelfen und so die komplette Restauration zunächst aufschieben.

Gebrochene Metallstränge

Gebrochene, metallverstärkte Längsstränge können repariert werden, es ist jedoch besser, sie auszuwechseln. Da dies gewöhnlich eine sehr komplexe und schwierige Arbeit ist, sollte sie von einem professionellen Restaurator ausgeführt werden. Zwar kann ein gebrochener Strang abgeschnitten und ein neuer entsprechend dem ursprünglichen eingezogen werden, um das Loch zu verdecken und die Struktur zu erhalten, doch ist eine solche Reparatur meist zu sehen, da die neuen Stränge selten genau parallel zu den anderen verlaufen.

Säuberung des ›Fibre‹-Geflechts

Antike Lloyd-Loom-Möbel, deren Farbe schmutzig oder verblaßt wirkt, können durch eine ordentliche Wäsche zu neuem Glanz gebracht werden. Man kann sie mit Seifenwasser und einer weichen Bürste vorsichtig säubern, ohne daß Geflecht oder Lackierung darunter leiden, und erlebt oft eine angenehme Überraschung. Zarte Farben, die jahrelang unter einer Staubschicht verborgen waren, werden sichtbar; der Schmutz, der die Möbel abgenutzt erscheinen läßt, wird entfernt, ohne ihrem antiken Charakter Abbruch zu tun. Vor der Neulackierung sollte man jedes Stück säubern, da die Farbe auf Schmutz nicht hält; oft wird man das Stück nach einer gründlichen Säuberung sogar in seinem Originalzustand belassen.

Bei der Säuberung sollte man zunächst soviel Staub wie möglich mit einem Handstaubsauger aus dem Geflecht entfernen. Danach kann man das Stück abwaschen oder einfach im Garten (oder in der Badewanne) abspritzen. Die Möbel halten eine solche Behandlung von Zeit zu Zeit aus und trocknen an warmen Tagen innerhalb weniger Stunden. Eine gründliche Reinigung muß erst nach mehreren Jahren wiederholt werden. Originale Papieretiketten sollten dabei vor der Wäsche mit Plastikfolie geschützt werden, die man etwas größer zuschneidet und mit Klebeband am Rahmen befestigt. Durchweichte Etiketten werden nämlich blaß und fleckig. Auch bei einer Neulackierung sollte man darauf achten, daß Etiketten und Datumsstempel vorher abgeklebt und nicht mit Farbe übermalt werden.

Bei der Reinigung bereits neubemalter Stücke sollte man besonders vorsichtig sein. Eine neue Farbschicht blättert beim Waschen leicht ab; unterscheidet sie sich (was häufig der Fall ist) von der darunterliegenden Originalfarbe, sieht das Möbelstück hinterher ziemlich unerfreulich aus. Daher ist es besser, an einer

◁ Der seltene, frühe Lusty-Armsessel Nr. 28 nach der Restaurierung (vgl. Seite 142). Repariertes ›Fibre‹-Geflecht muß gewöhnlich neu lackiert werden. Hier wurde Antikgold gewählt, eine der beliebtesten Farben der Vorkriegszeit. Am Sesselkörper, wo keine Reparaturen nötig waren, wurde die Farbe nur ganz fein aufgetragen. Sammlung des Autors.

▷ Lusty-Armsessel Modell Nr. 20, um 1929 (1926–41), in originalem Krönungsblau mit silbrigem Rauhreifeffekt. Der Rauhreifeffekt trat erst zutage, nachdem das Stück gründlich von einer dicken Staubschicht befreit worden war. Sammlung des Autors.

kleinen Fläche auszuprobieren, ob es sich um die Original- oder eine Neulackierung handelt. Erweist sich die Farbschicht als empfindlich, sollte man das Stück nur mit einem feuchten Tuch reinigen.

Originalfarbe und Neulackierung

Lloyd-Loom-Möbel sind in einer Vielfalt wunderbarer Originalfarben zu finden, die häufig zu sanften Pastelltönen verblaßt sind. Beliebte Farben (wie etwa Gold), die ursprünglich etwas grell wirkten, sind heute mit einer zarten Patina überzogen, und verblaßte Originalfarben werden gewöhnlich teuer bezahlt. Die Stücke erhalten damit einen ganz eigenen Charakter, der bei neuen Stücken nie zu finden ist; Möbel kann man nicht mit Hilfe von Sprays künstlich altern lassen. Man kann dies zwar versuchen, doch wird das Ergebnis immer zweitklassig sein und einen erfahrenen Sammler nicht täuschen.

Möchte man ein Lloyd-Loom-Stück gut verkaufen, darf man es auf keinen Fall neu bemalen, auch wenn es noch so verwahrlost erscheint. Sein Wert wird dadurch nicht im geringsten gesteigert. Ebenso sollte man sich eine Neulackierung zweimal überlegen, wenn die Farbe nicht zur Einrichtung paßt oder das Stück schmutzig und abgenutzt wirkt und man die antike Patina nicht unbedingt schätzt. Da eine Neulackierung immer die Wirkung der Möbel schmälert, sollte man sich lieber ein neues Stück kaufen oder das alte gegen ein bereits übermaltes eintauschen. Lloyd-Loom-Möbel in Originalfarben sind einfacher zu verkaufen und in der Regel wertvoller als neu lackierte Stücke.

Leider sind neu und zudem oft sehr schlecht bemalte Stücke häufig zu finden. Lloyd-Loom-Möbel, die mit einer so dicken Farbschicht übermalt wurden, daß das Geflecht verklebt wirkt, verlieren viel von ihrem Wert, weil das Flechtmuster dann nicht mehr deutlich zu erkennen ist und sehr unregelmäßig erscheint. Außerdem ist Farbe vom Lloyd-Loom-Geflecht nur schwer zu entfernen. Sie dringt in die Ritzen und kann daher nicht einfach abgescheuert werden. Auch mit entsprechendem Lösungsmittel ist die Farbe kaum zu entfernen, denn man sollte Lloyd Loom nicht mit Säure oder anderen Chemikalien behandeln. Das ›Fibre‹ – der gedrehte Papierstrang – wird durch Leim und Farbe verstärkt; der Leim hält das Material zusammen, und die Farbe wirkt wie ein Schutzmantel. Wird diese Schicht derart gewaltsam angegriffen, kann die gesamte Struktur des Geflechts zerstört werden.

Man kann verklebte Farbe höchstens von Hand mit einer Nadel entfernen. Dies ist jedoch extrem arbeitsaufwendig und zeitraubend, außerdem oft kaum durchführbar, da die Farbe mit der Zeit steinhart werden kann.

Falls man ein Lloyd-Loom-Stück neu lackieren möchte, sollte man einen Spezialisten zu Rate ziehen oder zumindest darauf achten, daß die Farbe vorsichtig und dünn aufgesprüht wird. Es empfiehlt sich sogar, eine Autowerkstatt zu beauftragen, da dort die beste Ausrüstung vorhanden ist. Meist ist dies preisgünstiger, als wenn man selbst Hand anlegt. Die entsprechenden Farbsprays sind teuer und für einen mittelgroßen Stuhl benötigt man schon einige Dosen. Vorher sollte das Geflecht auf jeden Fall gründlich gereinigt werden.

△ Lustys Farbpalette mit den Standardfarben der 30er Jahre. Es gab drei verschiedene Goldtöne, die in England sehr beliebt waren. Daneben bot Lusty zusätzliche Farbnuancen entsprechend den Wünschen der Kunden an; neben den abgebildeten existieren also weitere Originalfarben.

▽ Farbmuster aus dem Lusty-Katalog von 1920: blauer Rauhreifeffekt auf Gold (links) und Weiß (rechts). Die zusätzliche Schattierung wurde als zweite Schicht aufgesprüht und dann mit einem Tuch abgewischt, so daß sie nur in den Ritzen des Geflechts zurückblieb und eine Patinawirkung erzeugte.

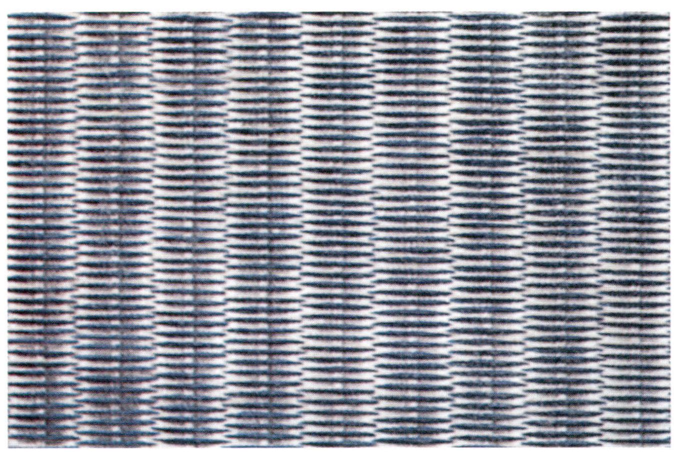

TEA.
SUGAR.
SILKS

Auf der Suche nach interessanten Stücken. Auf dem Foto (es stammt aus einem Antiquitätenladen in Bermondsey, London) sind sechs Sessel zu sehen. Einer ist Lloyd Loom sehr ähnlich, die übrigen sind originale Lloyd-Loom-Modelle aus der Zeit zwischen 1923 und 1956. Von links nach rechts: ›Popular‹-Modell aus der Mitte der 30er Jahre mit eingeflochtenem Muster. Die Goldfarbe wirkt sehr leuchtend und eine genaue Überprüfung ergab, daß der Sessel in den 50er Jahren bei Lusty neu gespritzt worden war, denn er trug ein 1950er Etikett mit ›R‹-Stempel. Daneben ein seltener Armstuhl mit quadratischer Rückenlehne (um 1923), der an der separaten vorderen Blende als frühes Modell zu erkennen ist. Solche Modelle mit offenen Armlehnen liefen 1933 aus, der Sessel wäre also ein glücklicher Fund für jeden Sammler. Im Hintergrund, oberhalb dieses Sessels: Lusty-Armsessel aus den 50er Jahren in grüner Originalfarbe, der im Stil den ›Popular‹-Designs der 30er Jahre ähnelt. Eine genaue Untersuchung zeigte, daß der Sessel, wie die meisten Produkte der 50er Jahre, weder ›Fibre‹-Umwickelung noch Messingfußbeschläge aufwies. Weiter rechts ein eckiger grüner Armsessel mit gepolstertem Sitz – ein seltenes Modell, doch in diesem Fall leider durch eine zu dicke Übermalung verdorben. Daneben ein weiß gestrichener, Lloyd-Loom-ähnlicher Stuhl aus ›Fibre‹-Geflecht, doch ohne Metallfäden in den Längssträngen. Solche Stücke sind nicht so haltbar wie Lloyd Loom und haben verhältnismäßig selten überlebt. Dahinter ein Lusty U64-Modell aus den 40er Jahren in grüner Originalfarbe, doch leider in einem schlechten Zustand; es bedarf der Restaurierung.

Der Wert der Lloyd-Loom-Möbel

Llody-Loom-Möbel werden erst seit kurzer Zeit als ›antik‹ betrachtet; einige Modelle gelten nun sogar als Klassiker des Möbeldesigns des 20. Jahrhunderts. Sie beeinflussen inzwischen auch moderne Möbelhersteller. Alte Designs werden vielfach kopiert, und für neue Möbel im traditionellen Lloyd-Loom-Stil besteht eine große Nachfrage. Die Reproduktion ist nicht einfach. Neue, auf klassischen Designs basierende Modelle kosten oft mehr als die in Antiquitätengeschäften angebotenen Originale. Die Lloyd-Loom-Vorkriegsmodelle waren nie billig, doch boten sie gute Qualität zu vernünftigen Preisen. Mitte der 30er Jahre kosteten die meisten ›Delux‹-Sessel von Lusty im Handel zwischen zwei und drei Pfund Sterling; der Preis erscheint heute lächerlich, man muß ihn jedoch in Beziehung zu den damals üblichen Löhnen setzen. Ein Facharbeiter in Lustys Londoner Fabrik verdiente in einer 48-Stunden-Woche etwa soviel, wie der erwähnte Durchschnittspreis für einen guten Sessel betrug. Dabei waren die Angestellten der Lusty-Werke keineswegs unterbezahlt, ebensowenig wie die Belegschaft bei Lloyd, wo die Verhältnisse ähnlich lagen. So gesehen sind viele antike Lloyd-Loom-Stücke heutzutage weniger teuer als vor dem Krieg.

Man muß also nicht besonders wohlhabend sein, um sich ein exzellentes Originalexemplar aus den Vorkriegsjahren leisten zu können. Verglichen mit dem Preis-Leistungs-Verhältnis bei

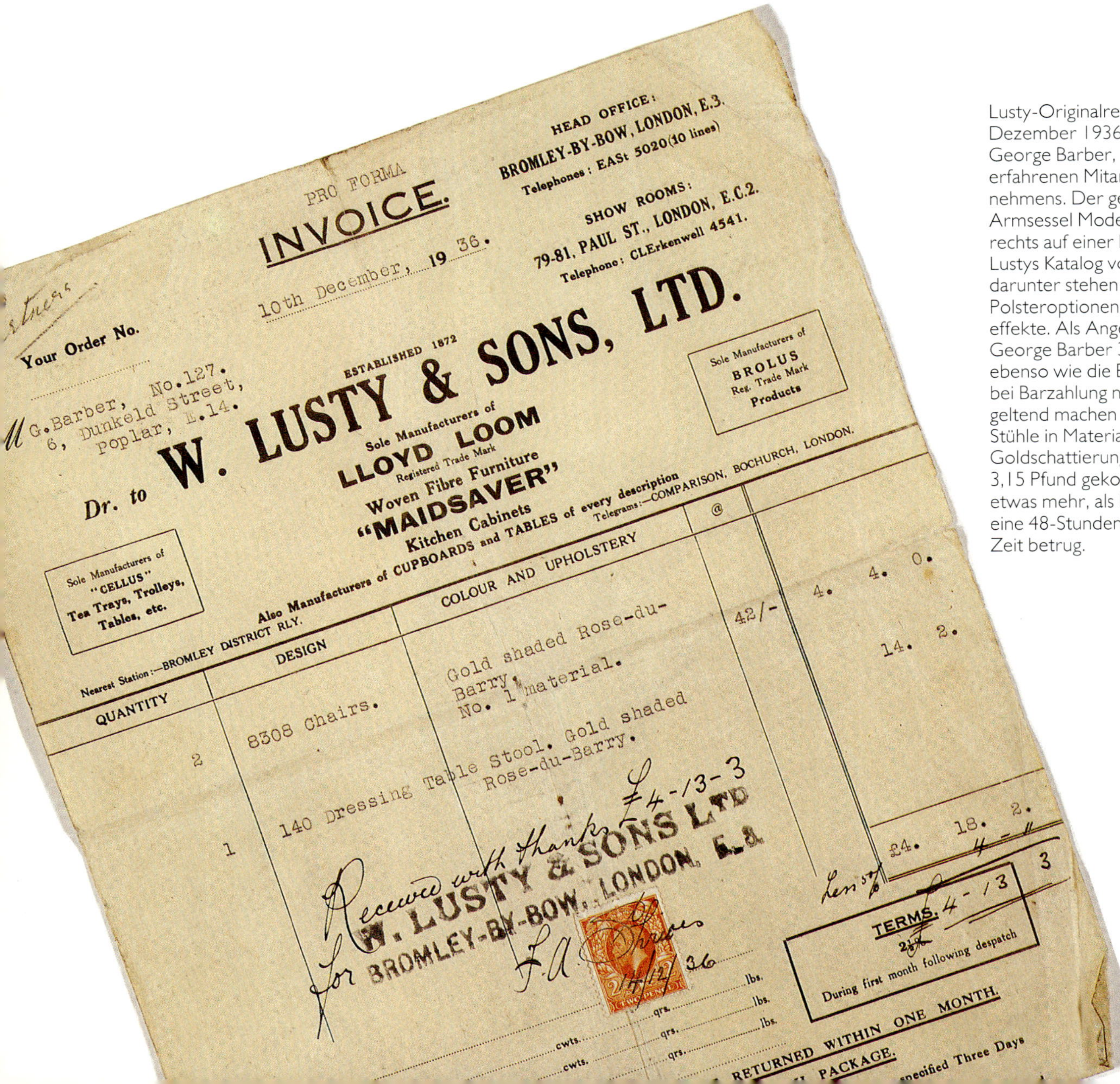
PRO FORMA
INVOICE.
10th December, 1936.
HEAD OFFICE:
BROMLEY-BY-BOW, LONDON, E.3.
Telephone: EASt 5020 (10 lines)
SHOW ROOMS:
79-81, PAUL ST., LONDON, E.C.2.
Telephone: CLErkenwell 4541.
Your Order No.
G. Barber, No. 127.
6, Dunkeld Street,
Poplar, E.14.
Dr. to W. LUSTY & SONS, LTD.
ESTABLISHED 1872
Sole Manufacturers of LLOYD LOOM Registered Trade Mark Woven Fibre Furniture
"MAIDSAVER" Kitchen Cabinets
Also Manufacturers of CUPBOARDS and TABLES of every description
Telegrams:—COMPARISON, BOCHURCH, LONDON.
Sole Manufacturers of BROLUS Reg. Trade Mark Products
Sole Manufacturers of "CELLUS" Tea Trays, Trolleys, Tables, etc.
Nearest Station:—BROMLEY DISTRICT RLY.

QUANTITY	DESIGN	COLOUR AND UPHOLSTERY	@	
2	8308 Chairs.	Gold shaded Rose-du-Barry, No. 1 material.	42/-	4. 4. 0.
1	140 Dressing Table Stool.	Gold shaded Rose-du-Barry.		14. 2.
				£4. 18. 2.

Received with thanks £4-13-3
W. LUSTY & SONS LTD
BROMLEY-BY-BOW, LONDON, E.3.
TERMS. During first month following despatch
RETURNED WITHIN ONE MONTH.

Lusty-Originalrechnung vom Dezember 1936, ausgestellt auf George Barber, einen langjährigen, erfahrenen Mitarbeiter des Unternehmens. Der genannte ›Delux‹-Armsessel Modell Nr. 8308 ist rechts auf einer Illustration aus Lustys Katalog von 1936 abgebildet; darunter stehen die Preise für die Polsteroptionen und spezielle Farbeffekte. Als Angestellter erhielt George Barber 33% Rabatt, ebenso wie die Einzelhändler, die bei Barzahlung noch 5% Skonto geltend machen konnten. Die Stühle in Material Nr. 1 und mit Goldschattierung hätten im Laden 3,15 Pfund gekostet und damit etwas mehr, als Barbers Lohn für eine 48-Stunden-Woche zu jener Zeit betrug.

anderen antiken Möbeln sind solche Stücke sogar relativ günstig. In den letzten Jahren ist ihr Preis zwar beachtlich in die Höhe geschnellt, doch sind sie keineswegs überteuert und steigen sicher noch weiter im Wert.

Sofas und Armsessel sind gewöhnlich die am meisten geschätzten Stücke; im Vergleich zu anderen antiken Sitzmöbeln sind sie recht preisgünstig. Antike Sessel und Sofas, die bequem, praktisch und so vielseitig sind, daß sie zu ganz verschiedenen Einrichtungsstilen passen, sind schwer zu finden. Meist sind antike Wohnzimmermöbel recht klobig gepolstert; abgesehen von ihrem Kaufpreis übersteigen oft schon die Ausgaben für eine neue Aufpolsterung den Preis für ein gut erhaltenes Lloyd-Loom-Modell, bei dem neue Polster in der Regel nicht nötig sind.

No. 8308

Height 32 in. Width 27 in.
Single Sprung (Auto Construction) Seat.
18 in. × 18 in. × 18 in. High.

Material ...	X or Duck	1	2	3
TANDARD OLOURS ...	**55/6**	**60/-**	**64/6**	**67/6**

No. 8208

Spiral Spring Seat and Spring Cushion.

TANDARD OLOURS ...	**63/-**	**67/6**	**72/-**	**75/-**

haded, Misted or Frosted Effects, 3/- extra cost.

Lloyd Loom ist zu einem Sammelobjekt geworden. Es gibt Hunderttausende von Exemplaren, und mit etwas Glück findet man neben eher gängigen Modellen zum gleichen Preis frühe, ungewöhnliche oder sehr seltene Stücke. Wenn die gegenwärtige Entwicklung anhält und bessere Informationsquellen über Lloyd Loom zugänglich sind, kann das Sammeln dieser Möbel zu einer faszinierenden und einzigartigen Angelegenheit werden. Gewöhnlich werden seltene, ungewöhnliche oder historisch bedeutende Sammelobjekte hoch bezahlt. Nun sind Lloyd-Loom-Möbel zwar beliebt, doch ist noch relativ wenig über sie bekannt. Sie können damit zu einem lohnenden und faszinierenden Objekt für Sammler oder Geldanleger werden, aber auch für jeden, der nützliche und interessante Möbelstücke erwerben möchte.

Da die Preise der Lloyd-Loom-Möbel stark schwanken, wäre es unrealistisch, ihren Wert in einer Art ›Antiquitätenpreisverzeichnis‹ auflisten zu wollen. Es gab zur Zeit der Entstehung dieses Buches noch keinen Konsens auf dem amerikanischen oder europäischen Antiquitätenmarkt, der eine solche Aufgabe lohnend erscheinen ließ. Abgesehen von Armsesseln und Sofas, die allein schon aufgrund ihrer Größe recht teuer sind, werden die meisten Stücke, die aus der Zeit zwischen den 20er und den 50er Jahren stammen, einfach als ›antike Lloyd-Loom-Möbel‹ verkauft. Da es innerhalb dessen eine Vielfalt an Modellen und Stilrichtungen gibt und die Meinungen darüber geteilt sind, ist die Bewertung einzelner Stücke immer eine subjektive Angelegenheit. Es ist allerdings möglich, gewisse Aspekte im Hinblick auf die Verkäuflichkeit herauszustellen und dem Leser nützliche Hinweise für die Bewertung sowie den Kauf bzw. Verkauf der Möbel zu geben.

Der Schätzwert

Der Wert jedes einzelnen Lloyd-Loom-Stückes hängt von seinem Zustand, seiner Seltenheit und seiner Beliebtheit ab. Stücke, die hinsichtlich dieser Kriterien gut abschneiden, gehören zu den gesuchtesten und wertvollsten Exemplaren. Im folgenden wird die Bedeutung dieser drei Faktoren erläutert und ein Punktesystem aufgestellt, das die Festlegung des Schätzwertes einzelner Stücke erleichtert.

Der Zustand im Hinblick auf äußere Schäden ist nicht schwer zu beurteilen. Die besterhaltenen Exemplare sind weder beschädigt noch erscheinen sie abgenutzt; viele Modelle wirken sogar fabrikneu, sobald sie frisch lackiert sind. Dieser exzellente Gesamtzustand ist selbst bei Stücken aus dem Jahr 1922 zu finden. Man sollte also nicht annehmen, daß frühe Exemplare aufgrund ihres Alters schäbig aussehen müssen.

Das Material selbst braucht nicht unbedingt Spuren des Gebrauchs zu zeigen, doch sollten Farbe bzw. Finish zart und vom Alter verblaßt wirken. Daraus ergibt sich ein scheinbarer Widerspruch: Ein eigentlich unbeschädigtes Stück wird ›beschädigt‹, sobald man es neu lackiert.

Fabrikneu erscheinende (d. h. neu bemalte) Stücke sind gewöhnlich weniger wert als solche, denen man ihr Alter ansieht. Dies geht so weit, daß ein recht abgenutztes Stück mit kleinen Schäden im Geflecht, aber in Originalfarbe, gegebenenfalls mehr wert ist als das gleiche Modell in makellosem Zustand, doch mit neuer Lackierung.

Stark beschädigte Möbel sollten von einem Spezialisten restauriert werden, was oft mehr kostet als ein gut erhaltenes Stück. Falls solche Exemplare nicht echte Raritäten oder persönliche Andenken darstellen, haben sie derzeit oft nur einen geringen Wert. Die Betonung liegt dabei auf ›derzeit‹: Es kann sich herausstellen, daß bestimmte Lloyd-Loom-Möbel eine Restauration lohnen. Ein Sofa mit durchgebrochener Sitzfläche, das vor Jahren als wertlos erachtet und weggeworfen wurde, kann heute eine Kostbarkeit darstellen, bei der die hohen Restaurierungskosten gut angelegt sind.

Da dies das erste Buch ist, in dem die gesamte Palette der Lloyd-Loom-Möbel beschrieben und abgebildet wird, war ihr Seltenheitswert bisher kaum bekannt. Man findet hier Modelle, die heute extrem selten sind. Sammler werden oft nur einmal die Chance haben, eine solche Rarität zu erwerben. Dies kann auch die materielle Wertschätzung beeinflußen, da Verkäufer dieser Tatsache Rechnung tragen werden. Seltenheit beeinflußt auf diese Weise die Preise, doch steht sie immer in Beziehung zum Wissen und dem Interesse jedes einzelnen hinsichtlich Lloyd Loom.

Seltenheit steht aber auch im Zusammenhang mit dem geographischen Ursprung. Amerikanische Lloyd-Loom-Möbel sind in Europa kaum zu finden, doch wurden vermutlich viele antike Lusty-Modelle nach Amerika ausgeführt, da England einen gutorganisierten Exportmarkt für antike Möbel besitzt. Die Verhältnisse könnten sich natürlich umkehren und amerikanische Möbel nach Europa exportiert werden, doch würde der europäische Markt auch dann wohl kaum mit Sesseln wie denen aus Marshall B. Lloyds Büro überschwemmt werden! Lloyd-Loom-Produkte aus den 20er Jahren sind allgemein schwer zu finden; die englischen Modelle sind noch seltener als die amerikanischen, da Lloyd in den 20er Jahren mehr produzierte als in den 30ern, während für Lusty genau das Gegenteil gilt.

Beliebtheit hängt von der jeweiligen Mode ab, und diese ist bekanntlich unbeständig. Lusty bot Mitte der 30er Jahre geschwungene Möbelfüße an, da der Queen-Anne-Stil damals in Mode war. Interessanterweise hat sich jedoch keiner der heutigen Lloyd-Loom-Hersteller zu einer Neuauflage dieser Option entschlossen. Die als Klassiker anerkannten Modelle, die die besten Eigenschaften in sich vereinen, werden wohl am wenigsten unter zukünftigen Modetrends zu leiden haben. Beliebtheit wird auch von praktischen Gesichtspunkten bestimmt, denn Möbel sind gewöhnlich in erster Linie Gebrauchsgegenstände. Loom-Möbel passen auch in die 90er Jahre, wobei manche Stücke nützlicher sind als andere. Die Couchtische beispielsweise waren in den 20er Jahren weit weniger beliebt als heute; dies ist bedauerlich, da sie nun sehr gesucht und nur schwer erhältlich sind. Dasselbe gilt für Kindermöbel. Auch Fauteuils und Sofas sind heutzutage als gute, praktische Möbel sehr gefragt, doch schwer zu finden. Da sie zum Lagern zu groß waren, als sie aus der Mode kamen, erlitten sie dasselbe Schicksal wie so viele andere Lloyd-Loom-Stücke. Daneben sind manche Lloyd-Loom-Artikel heute bei Liebhabern spezieller Stücke aufgrund ihrer Ungewöhnlichkeit begehrt, aber selten, da oft nur kleine Mengen produziert wurden.

Nach dem Punktesystem, das für die Bewertung hochwertiger und gewöhnlich hochbezahlter Lloyd-Loom-Möbel aufgestellt wurde, stellt ein Stück mit mindestens acht von zwölf möglichen Punkten eine gute Investition dar.

Zustand

Makelloser Zustand und Originallackierung ****
Leichte Abnutzung, aber Originallackierung ***
Makellos, aber neu bemalt **
Leichte Abnutzung und neu bemalt *
Möbel mit Schäden, die eine Restaurierung erfordern, oder mit Farbe verklebtem Geflecht erhalten keinen Punkt.

Seltenheit

Seltene Stücke ****
Stücke aus den 20er Jahren ***
Stücke aus den 30er Jahren *

Beliebtheit

Sofas und Armsessel ****
Kindermöbel ****
Couchtische ****
Alle anderen Artikel ***
Bei Stücken mit geschwungenen Füßen oder freischwingenden Untergestellen muß ein Punkt abgezogen, bei ›Fitchwork‹-Verzierungen dagegen ein Punkt addiert werden.

Nach diesem Punktesystem werden Zustand, Seltenheit und Beliebtheit gegeneinander abgewogen, um den Einfluß dieser Kriterien auf den Wert zu veranschaulichen. Beim Beliebtheitsfaktor sind nicht alle Möbeltypen einzeln aufgeführt, da hier oft die Seltenheit eine Rolle spielt. Tischlampen oder Schreibtische

▷ Seltener Lusty-Armsessel ›Delux‹-Modell Nr. 66 mit abgerundeter Vorderblende, um 1930 (von 1928 bis 1933 in Produktion). Mit seiner dunkel abschattierten Jakob-I.-Goldtönung ist er makellos und würde auf der Qualitätsskala zwölf Punkte bekommen. Sammlung der Anacara Company, Stamford, USA.

sind zum Beispiel bei Sammlern spezieller Stücke sehr beliebt und gleichzeitig selten; sie erreichen acht Punkte, selbst wenn sie abgenutzt und neu bemalt sind. Kleinere Sessel aus den 30er Jahren sind vergleichsweise leicht zu finden und erhalten daher selbst in makellosem Originalzustand gerade nur acht Punkte. Armsessel, Sofas, Kindermöbel und Couchtische können selbst dann acht Punkte erreichen, wenn eine Restaurierung nötig ist, da sie selten und sehr beliebt sind.

Einige Hinweise für den Kauf oder Verkauf

In Europa und Amerika sind Antiquitätenläden, -auktionen und -märkte der beste Platz, um antike Lloyd-Loom-Möbel zu kaufen oder zu verkaufen; man sollte sich jedoch auf sehr unterschiedliche Preise gefaßt machen. Der Markt für antike Möbel ist unbeständig. Außerdem ist der Markt von Land zu Land, ja von Stadt zu Stadt verschieden, und es existiert keine Standardpreisliste.

Man sollte immer soviel anlegen, wie man selbst für vernünftig hält; einzelne Lloyd-Loom-Stücke kann man leicht bewerten, indem man sie vor Ort mit anderen Möbeltypen, egal ob neu oder antik, vergleicht. Die Möbel sollten als nützliche, praktische Gebrauchsgegenstände ihr Geld wert sein.

Das Geheimnis beim Kauf alter Möbel besteht darin, daß man viel Geduld braucht. Jedes Stück ist aufgrund seiner individuellen Geschichte, seines Alters und seines Zustands einzigartig. Findet man Gefallen an einem Stück – und kann es sich leisten – sollte man zugreifen, denn antike Modelle können nicht nachbestellt werden. Glaubt man, ein Stück anderswo vielleicht billiger zu bekommen, sollte man es wenigstens zurücklegen lassen. Antiquitätenhändler sind gewöhnlich sehr entgegenkommend, und man kann sich so die Enttäuschung ersparen, das Stück schließlich gar nicht zu bekommen. Wenn man ein Lloyd-Loom-Stück verkaufen möchte, sollte man nicht erwarten, daß ein Antiquitätenhändler für eine unverbindliche Schätzung ins Haus kommt. Manche sind vielleicht dazu bereit, die meisten wollen jedoch ganz einfach den Preis wissen. Ist man sich über den Wert des Stückes nicht im klaren, sollte man mit einer guten Fotografie möglichst viele Antiquitätenhändler aufsuchen und die gebotenen Preise in Ruhe vergleichen.

Auktionen sind für den Kauf oder Verkauf ebenfalls zu empfehlen. Die Geschäftsbedingungen der Auktionshäuser können variieren und man sollte sie genau prüfen, da die jeweiligen Gebühren beim Verkauf den Erlös reduzieren. Beim Kauf ist es zu empfehlen, die Möbel während der vorhergehenden Besichtigung sorgfältig zu prüfen. Das Endgebot sollte man notieren, um die nachträglich erhobenen Gebühren festzustellen. Man sollte sich selbst eine Preisobergrenze setzen – die erregte Atmosphäre einer lebhaften Auktion ist verführerisch! Es empfiehlt sich, immer bis zu einer ungeraden Summe zu steigern, etwa 315 Mark statt 300 Mark, und die Zahl ruhig laut herauszuschreien, wenn sich das Bieten dem Ende nähert. Auf diese Weise kann man ein Stück eventuell doch noch bekommen. Betritt man eine bereits laufende Versteigerung und bietet für ein Möbelstück, das man vorher nicht geprüft hat, sollte man bedenken, daß es aus der Entfernung möglicherweise besser wirkt, als es tatsächlich ist.

Beim Verkauf im Rahmen einer Auktion sollte man sich auf ein realistisches Mindestgebot einigen, also dem niedrigsten Preis, zu dem man zum Verkauf bereit ist. Dabei muß man bedenken, daß sämtliche Gebühren noch abgezogen werden. Zeigt nur ein einziger Käufer Interesse, ist nicht mehr als dieses Mindestgebot zu erreichen. Bei verschiedenen Interessenten kann man sehr gute Preise erzielen, doch ist dies bei einer Versteigerung nie mit Sicherheit vorherzusagen.

Der Autor dieses Buches hat von Lloyd-Loom-Besitzern Hunderte von Briefen mit der ständigen Frage nach ihrem Wert erhalten. Ohne genaue Angaben und ein gutes Foto ist diese Bitte jedoch unmöglich zu erfüllen. Wenn man ein Stück verkaufen möchte und von Antiquitätenhändlern nicht die gewünschte Auskunft bekommt, kann man einen der im Anhang (Seite 160) genannten Spezialisten schriftlich um eine Schätzung bitten. Man sollte in jedem Fall eine Farbfotografie und einen frankierten Rückumschlag beifügen. Das Foto ist sehr wichtig, da es viel über Farbe, Zustand und andere Kriterien aussagt, die den Wert eines Stückes beeinflussen.

▷ Seltener Lusty-Armsessel Modell Nr. 32, 1927–41. Er ist einer der größten Armsessel Lustys und wurde für die Ausstattung des Luftschiffes R100 verwendet (siehe Vorsatzpapier). Das Modell wurde vielleicht speziell für diesen Zweck in Auftrag gegeben. Im Vergleich mit anderen Möbeln ist es ziemlich leicht, doch breit genug, damit Passagiere in Mänteln – die Luftschiffe waren schlecht geheizt – bequem darin sitzen konnten. Das Modell war später bei den Fliegern der Royal Airforce sehr beliebt, die sich während der Luftschlacht um England oft stundenlang in ihren dicken Fliegermonturen in Bereitschaft halten mußten. Sammlung der Anacara Company, Stamford, USA.

Register

Armsessel werden in diesem Buch durchgängig abgebildet, um verschiedene Details zu veranschaulichen, die im Register unter dem entsprechenden Stichpunkt verzeichnet sind. Unter dem Stichwort ›Armsessel‹ sind nur besonders seltene Modelle aufgeführt. Die *kursiv* gesetzten Seitenangaben verweisen auf Abbildungen.

Danksagungen des Autors

Der Autor dankt Don und Dudley Flanders, Gene Davenport, David Lemerond, den Angestellten von Lloyd/Flanders, den Bewohnern von Menominee und Marinette, Bob und Dinah Meissner, Betty Furlong, Don Larsen, Geoffrey Lusty, Sarah Lusty, Harriet Wiseman, George Barber, George Gray, David und Kim Breese, Peter Unützer, Stephanie Seidl und den zahlreichen Antiquitätenhändlern und Freunden, die die Recherchen zu diesem Buch so angenehm gestaltet haben.
Der Autor ist dankbar für alle Informationen und Hinweise, die bei einer weiteren Auflage des Buches von Interesse sein können.

Serviceadressen

Die Adreßliste erhebt keinen Anspruch auf Vollständigkeit; sie soll dem Interessenten erste Kontakte ermöglichen. Kaufinteressierte können unter den folgenden Adressen Händler von neuen und antiken Loom-Möbeln in ihrer Nähe erfragen.

Hersteller

Lloyd/Flanders
3010 Tenth Street
P.O. Box 500
Menominee, MI 49858
USA

Lloyd Loom Furniture Ltd
Kellett Gate
Low Fulney
Spalding, Lincs PE12 6EH
Großbritannien

Lusty's Lloyd Loom Co
Country Works
Sunderland Road
Sandy, Beds SG19 1RB
Großbritannien

Lloyd Loom Italia S.R.L.
Viale Carducci 3
Conegliano (TV) 31115
Italien

Accente Loom Chairs
Einrichtungsgesellschaft mbH
Reyerhütter Str. 45-47
4050 Mönchengladbach

Informationen für Sammler

Lee J. Curtis
Unit 12
109 Bartholomew Road
London NW5 2BJ
Großbritannien

Gail und Larry Melgary
Colonial Corner Antiques
1728 7th Street
Menominee, MI 49858
USA

Steve Fulford
Weathervane Antiques
1059 Marinette Ave.
Marinette, WI 54143
USA

Wilh Winkelmann (B.V.)
de Winckelaer
Chr. Huygensstr. 3
3291 CN Stryen
Niederlande

Beat Zweifel
Novantino
Drusbergstr. 16
8703 Erlenbach
Schweiz

Stefanie Seidl
Holbeinstr. 24
8000 München 80

Restaurierung

Graham Mancha
Weston Turnville
Buckinghamshire HP22 5TG
Großbritannien
(Durchführung von Reparaturen
und Lackierungen,
Lieferant für Messingfußkappen)

Lloyd Loom Furniture Ltd
Kellett Gate
Low Fulney
Spalding, Lincs PE12 6EH
Großbritannien
(Lieferant für Reparaturmaterial)